U0960155

羊城新快线 提速大湾区

广州市轨道交通十八号线和二十二号线规划与设计

广州地铁设计研究院股份有限公司

郑 翔 刘健美 主编

人民交通出版社股份有限公司

北 京

内 容 提 要

广州市轨道交通十八号线和二十二号线工程是在粤港澳大湾区轨道交通一体化发展背景下，建成的国内首批160km/h的全地下市域快线，率先实施了多个国内“首次”，是融入诸多技术创新的市域快速轨道交通示范工程。

本书从线路规划与客流服务、绿色品质地铁、智慧地铁赋能、车辆基地运维、BIM（建筑信息模型）及数字化、精细设计管理六个方面以丰富的图文对工程在规划、设计、建设与运营等方面的亮点进行全方位展示，可供从事市域快速轨道交通规划、设计、施工、管理等相关工作的人员参考。

图书在版编目（CIP）数据

羊城新快线　提速大湾区：广州市轨道交通十八号线和二十二号线规划与设计 / 郑翔，刘健美主编. — 北京：人民交通出版社股份有限公司，2023.8

ISBN 978-7-114-18810-7

Ⅰ.①羊…　Ⅱ.①郑…　②刘…　Ⅲ.①城市铁路—轨道交通—规划布局—广东、香港、澳门　Ⅳ.①U239.5

中国国家版本馆CIP数据核字（2023）第098097号

Yangcheng Xin Kuai Xian Tisu Dawanqu:Guangzhou Shi Guidao Jiaotong Shiba Hao Xian he Ershi’er Hao Xian Guihua yu Sheji

书　　名：羊城新快线　提速大湾区：广州市轨道交通十八号线和二十二号线规划与设计
著 作 者：郑　翔　刘健美
责任编辑：刘彩云
责任校对：赵媛媛
责任印制：张　凯
出版发行：人民交通出版社股份有限公司
地　　址：（100011）北京市朝阳区安定门外外馆斜街 3 号
网　　址：http://www.ccpcl.com.cn
销售电话：（010）59757973
总 经 销：人民交通出版社股份有限公司发行部
经　　销：各地新华书店
印　　刷：北京建宏印刷有限公司
开　　本：787×1092　1/16
印　　张：7.25
字　　数：118 千
版　　次：2023 年 8 月　第 1 版
印　　次：2023 年 8 月　第 1 次印刷
书　　号：ISBN 978-7-114-18810-7
定　　价：88.00 元
（有印刷、装订质量问题的图书，由本公司负责调换）

编 委 会

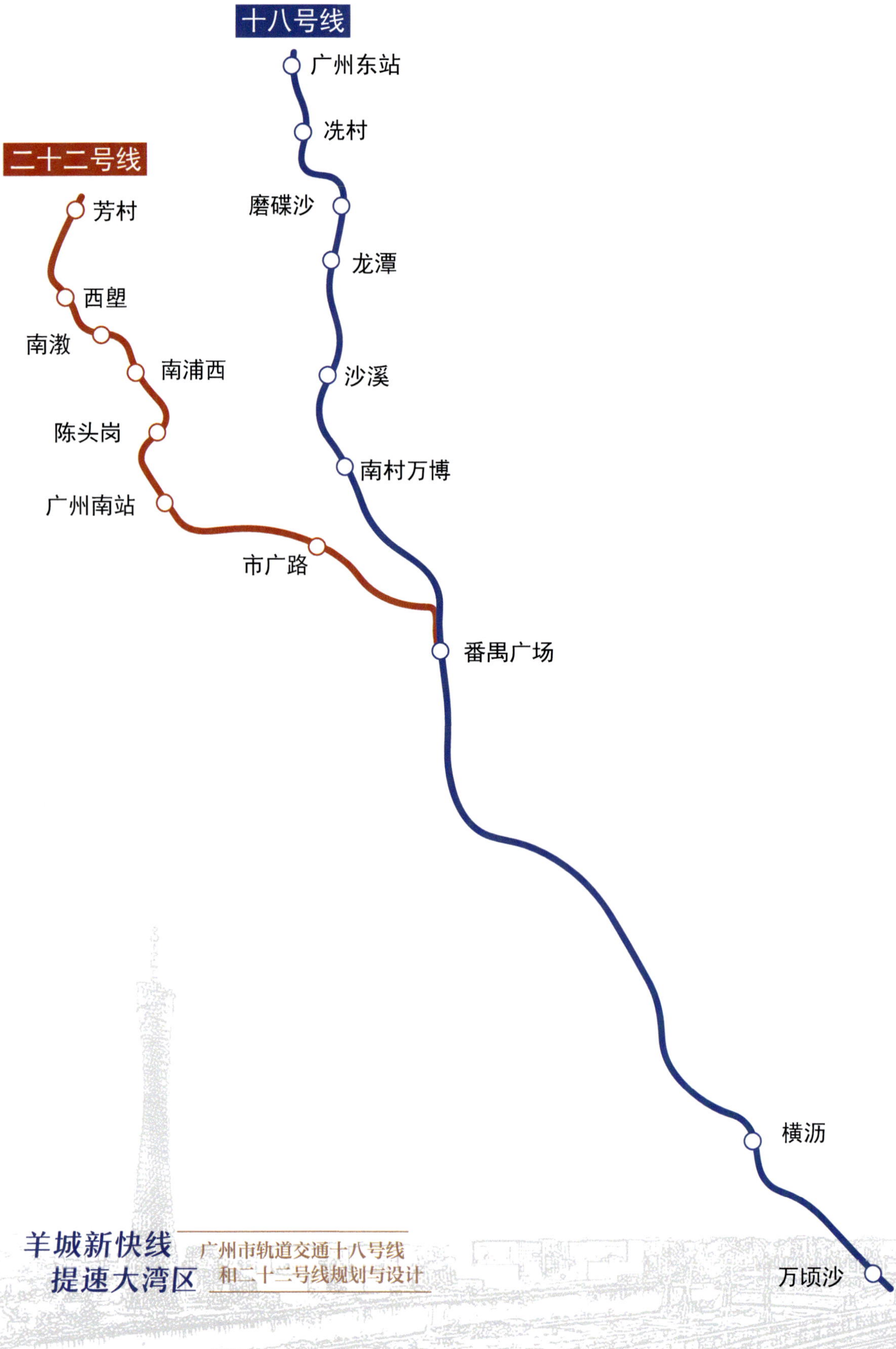

羊城新快线 提速大湾区

广州市轨道交通十八号线和二十二号线规划与设计

随着国内各大都市圈的协同发展，粤港澳大湾区区域内城市间合作交流进一步扩大以及部分超大城市都市圈加快建设，积极构建都市圈快速轨道交通线网成为其中重要的一环。

广州市轨道交通十八号线和二十二号线工程是在粤港澳大湾区轨道交通一体化发展的背景下，适应大湾区及城市群区域、介于城际铁路和城市地铁出行距离之间，以及传统城际铁路制式和地铁制式层级之间的一种全新应用，是对国家发改委推进市域（郊）铁路发展建设政策的具体实践。其规划、设计、建设与运营，填补了国内都市圈快速轨道交通网络层级体系和系统制式的空白，为粤港澳大湾区轨道交通一体化、国内各大城市群发展、都市圈快速轨道交通线路建设，发挥了以点带面的重要示范作用。

PROJECT OVERVIEW

工程概况

（一）线路概况

（1）十八号线：万顷沙—广州东站，经南沙区、番禺区、海珠区及天河区，长61.3km，设站9座，平均站间距7.6km。

（2）二十二号线：万顷沙—白鹅潭，经番禺区、荔湾区，长30.8km，设站8座，平均站间距4.4km。

（3）两线于2017年10月开工，其中十八号线首通段于2021年9月28日正式开通试运营，二十二号线首通段于2022年3月31日正式开通试运营。

（4）车辆基地：共设一段两场，为万顷沙车辆段、陇枕停车场及陈头岗停车场。其中，万顷沙车辆段承担两线高等级检修任务。

（5）主变电站：共设主变电站4座，为万顷沙主变电站、陇枕主变电站、陈头岗主变电站及赤沙主变电站（与十一号线共享）。

（二）功能定位

（1）十八号线功能定位为南沙快线，实现广州中心城区与南沙区的快速轨道交通联系，支持南沙区、南沙自贸区发展，同时连通中心城区线网，补充南北轴向客流走廊，并增强广州东站的综合交通枢纽功能。

（2）二十二号线功能定位为广州南站快线，实现南沙区、番禺区、荔湾区与广州南站的快速轨道交通联系，并增强广州南站的综合交通枢纽功能。

（3）十八号线与二十二号线共同作为市域快线，连通中心环线十一号

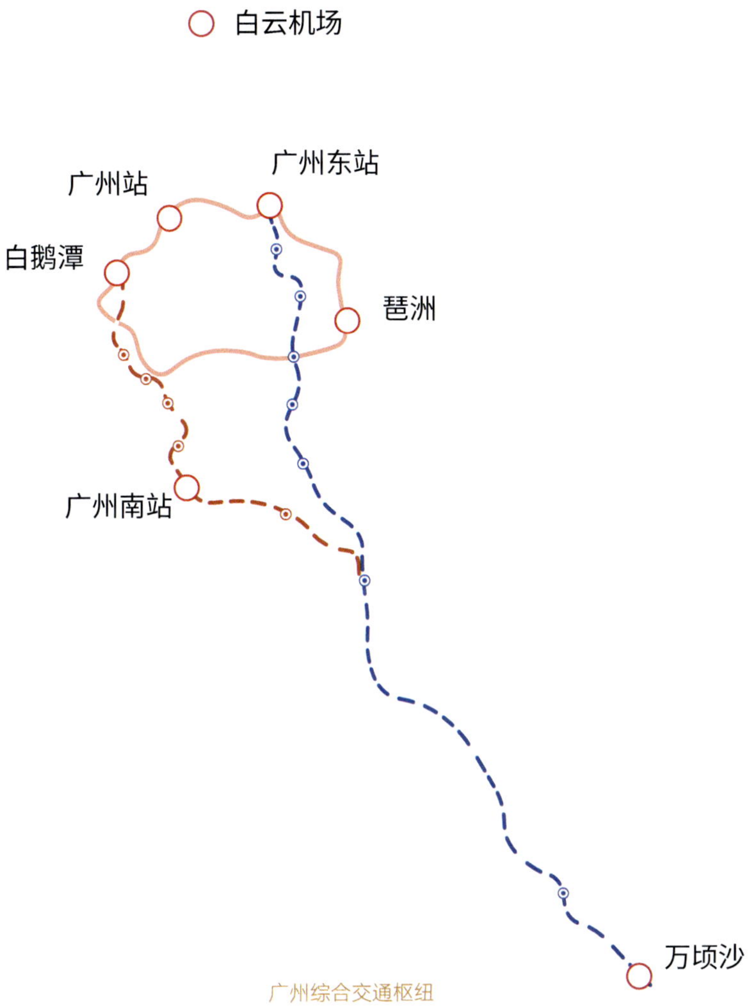

广州综合交通枢纽

线，实现南沙区与中心城区的快速轨道交通联系，同时连通万顷沙、广州南站、广州东站、白鹅潭四大枢纽，辐射琶洲、广州站、白云机场三大枢纽，支持广州建设成为国家“十三五”规划提出的国际性综合交通枢纽，以落实珠三角地区综合交通和公共交通发展战略。

（三）工程特点

时空目标高

两线承担快速连接南沙区及广州中心城区的功能，结合综合交通规划目标及南沙区发展需要，自万顷沙至广州东站时空目标定位为30min，而采用传统地铁制式不能满足该目标。

客流断面大

十八号线远期最大客流断面为2.85万人/h，二十二号线为2.21万人/h，采用8辆编组的传统城际铁路列车不能满足两线客流要求，而采用长编组列车建设规模将进一步增大。

服务要求高

两线功能定位为市域快线，解决广州中心城区与南沙区“双核”出行问题，满足两地通勤及沿线区域客流需要，采用高开行对数的“大站停+站站停”的运营组织模式，兼顾“30min”快捷性和乘客出行便捷性双重需求，对设计提出更高的要求。

（四）技术创新

作为国内首批实现160km/h的全地下市域快线，以及市域快速轨道交通示范工程，十八号线和二十二号线的规划、设计、建设与运营无疑是探索创新的过程，率先应用了多个国内“首次”：

（1）国内首批160km/h全地下市域快线，实现都市圈城市快速轨道交通系统高速度等级、大运量、高密度运输服务多重功能。

（2）国内首次采用兼顾高速度等级、地铁服务模式的全地下160km/h市域快线车辆，具有载客量大、快速乘降、高密度服务等特点。

（3）国内首次采用适应160km/h市域快线的钢弹簧浮置板轨道减振系统。

（4）国内首次采用高速等级CBTC系统（基于通信的列车自动控制系

统）及LTE（长期演进）技术信号系统，实现高密度追踪、局部共线运营条件下“大站停+站站停”组合的灵活运营组织模式。

（5）国内首次在160km/h市域快线全地下线路采用刚性接触网供电系统和单相组合式同相供电技术，试验速度达到176km/h，提高了供电可靠性及牵引网服役能力。

（6）国内率先采用大带宽光传送网络及云平台搭建通信系统，借助云计算、大数据、宽带无线通信等先进技术，综合运用多种手段，为乘客及运营人员提供多维度、全息化的通信服务。

（7）国内首次在地下线路中采用基于工业互联网与物联网的轨道交通智慧车站管理系统——穗腾OS2.0。

（8）国内首批按线路级建设及能效目标考核的线路，首次采用综合智能环控设备监控系统，首次实现在全线车站制冷机房全年平均综合制冷性能系数不低于5.0，空调系统制冷性能系数不低于3.5的能效目标。

陇枕停车场与控制中心

CONTENTS

目　录

羊城新快线 提速大湾区

广州市轨道交通十八号线和二十二号线规划与设计

FIRST 一

线路规划与客流服务

（一）支持粤港澳大湾区共同发展

支持广州国家中心城市、国际综合枢纽城市地位，组建粤港澳大湾区核心区南北向通道，促进大湾区共同发展。

建立大湾区大运量、高密度快速轨道交通系统，与城市轨道交通、城际轨道交通共同发展发展，组成城市群多层次轨道交通体系。

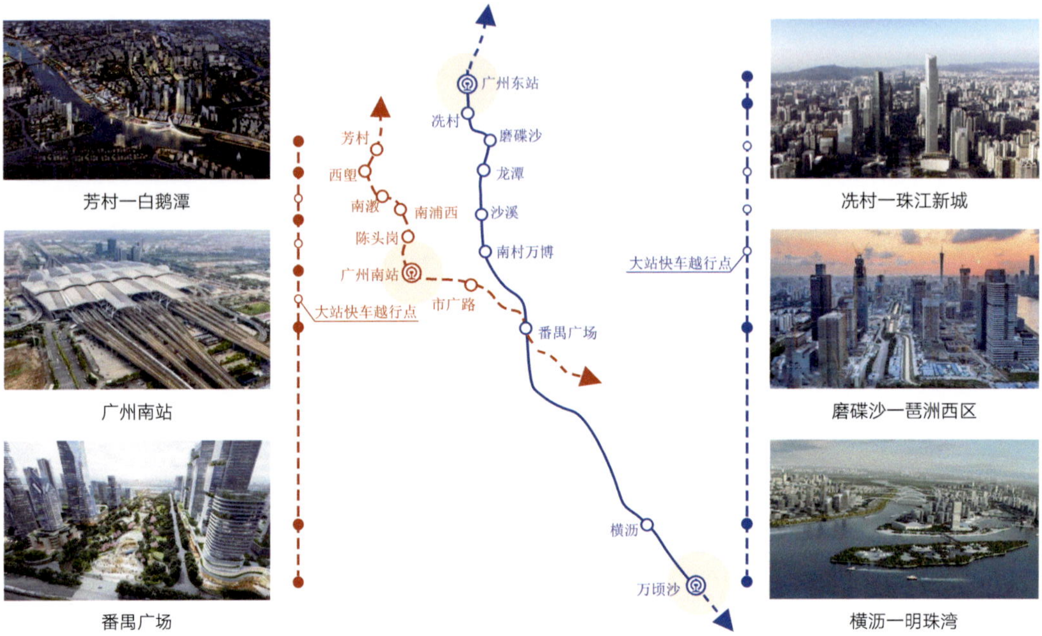

沿线重点发展片区

（二）高标准时空目标，推动南沙区高质量发展

推动南沙区及自贸区发展建设，实现南沙区与中心城区30min通达的高标准时空目标，跨越60km“双核”空间距离。

原有线路出行时间

区段	方式	方案	距离（km）	旅行时间
万顷沙—番禺广场	公交	南G2路—番143路	38.0	约1h 50min
	自驾	番禺大道南	37.2	约40min
万顷沙—广州东站	公交	南G2路—地铁四号线—地铁五号线—地铁一号线	71.8	约2h 30min
	自驾	南沙港快速路—科韵路—广园快速路	67.5	约1h 5min

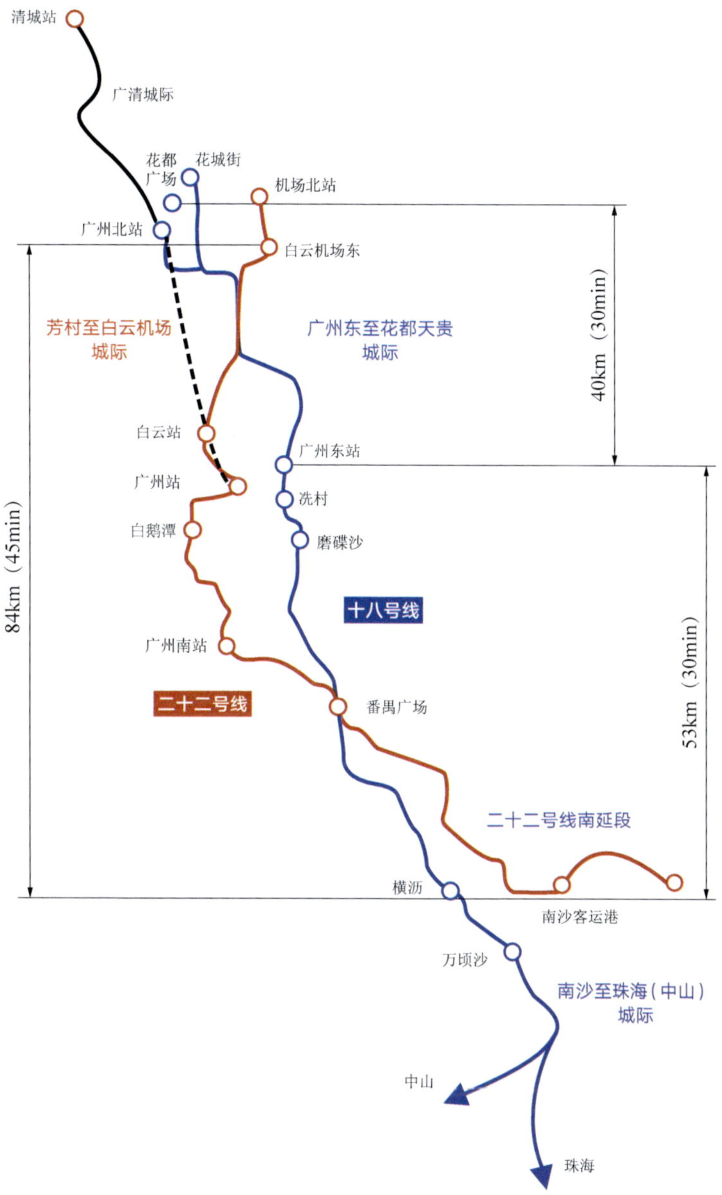

中心城区与南沙区30min可达

（三）完善广州轨道交通线网结构

（1）落实广州市轨道交通建设规划，打通南沙区与中心城区之间的快速轨道交通通道。

（2）完善广州轨道交通线网结构，实现综合交通规划目标。

（3）预留延伸与衔接条件，拓展广州与周边城市的轨道交通联系，支持大湾区轨道交通线网发展。

十八号线停站方案：

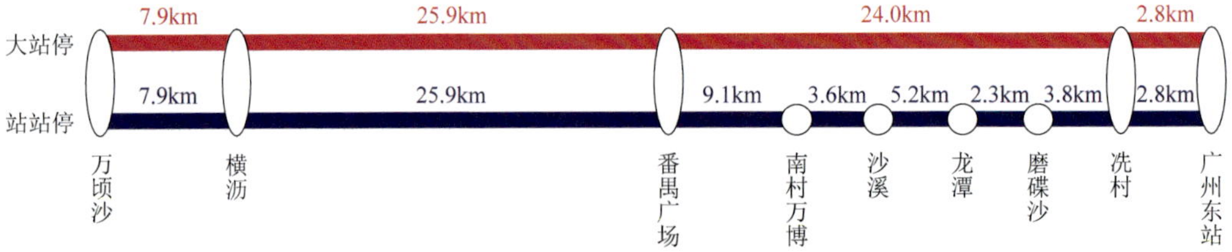

二十二号线停站方案：

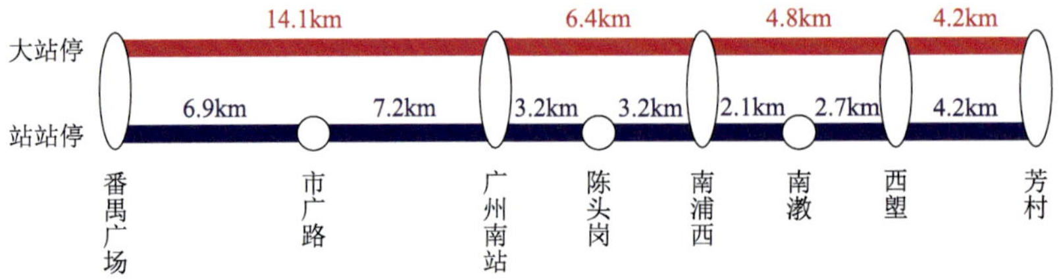

“大站停+站站停”组合模式

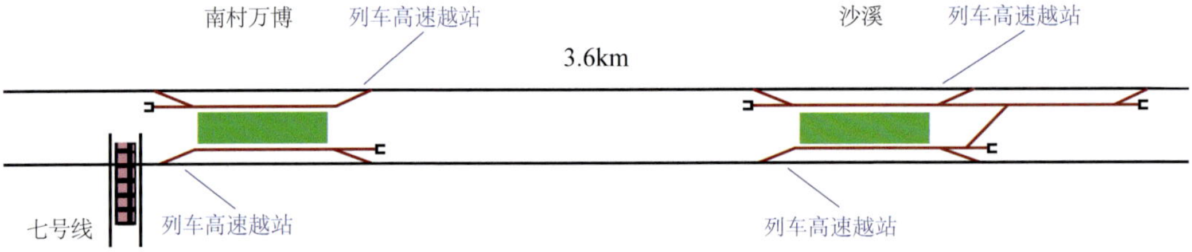

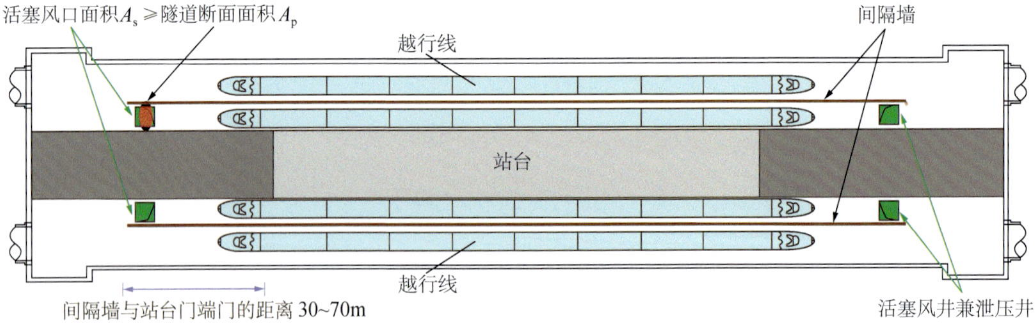

越行站单岛四线形式

（四）快慢车组合运营+跨线直通运营的多样化服务

通过车辆制式、信号系统、土建设施等关键技术保障，两线具备开行跨线大站快车条件，实现市域快线“快慢车组合运营+跨线直通运营”的协同组织，满足乘客多样化和差异化需求。

（1）快慢车组合模式多样，具备灵活调整快车停靠站点的功能。

（2）信号系统和土建设施均考虑运营灵活性，两线具备既可以跨线直通运营也可以独立运营的条件，从而应对运营阶段需求的动态调整。

（3）越行站采用单岛四线形式，正线在外侧、停车线在内侧，正线和停车线之间设置隔墙，实现大站快车在外侧直向不限速越站。

跨线直通运营模式：

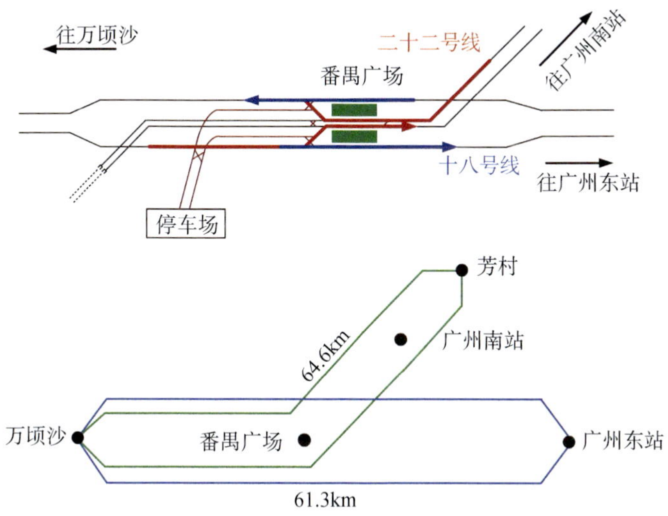

独立运营模式：

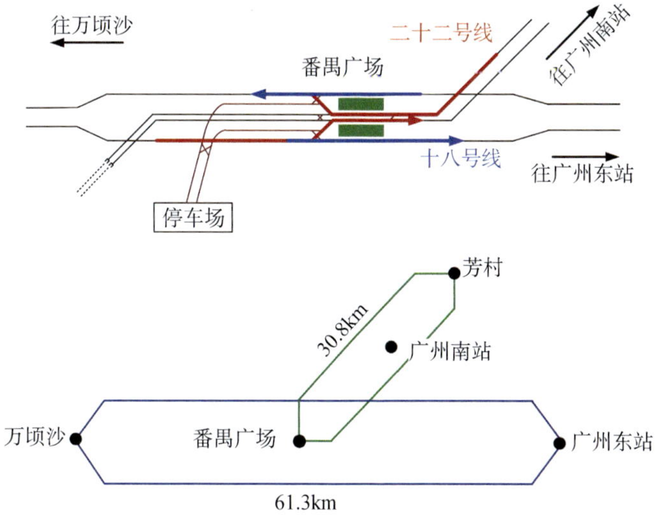

跨线直通运营和独立运营模式

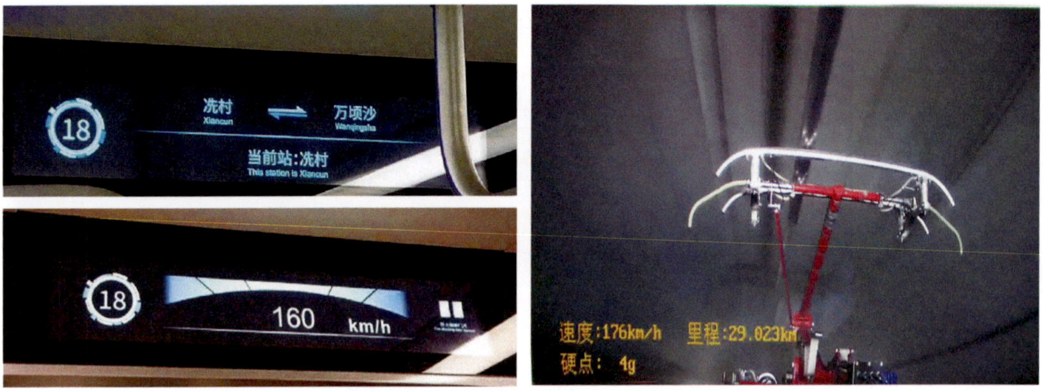

列车正线运行速度160km/h和提速试验速度176km/h

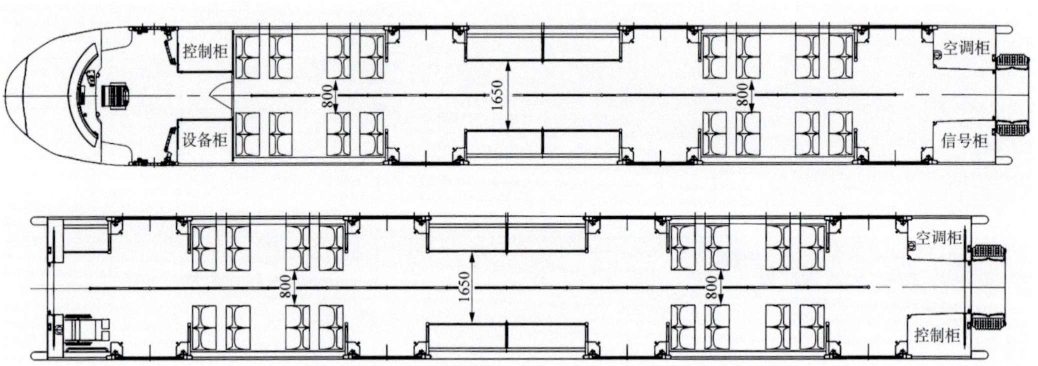

车内座椅布置（尺寸单位：mm）

（五）高速度、快速乘降、高舒适性的乘坐体验

高速度、快起快停，适应市域快线的运营模式

两线采用160km/h动车组技术平台，列车为6动2拖，配置比肩地铁，既可短时大扭矩工作，实现快起快停，又可高速连续运转，实现快速通过，且抗故障运行能力强。列车牵引系统0~160km/h平均加速度≥0.53m/s^2,加速至160km/h仅需80s，可实现30min内从南沙区到达广州东站。

座椅横纵布置，载客量大，乘降效率高

客室采用横纵结合座椅布置（每列车座席数396人），定员可达1758人（站席5人/m^2），超员可达2600人（站席8人/m^2）。头车设置3对双开塞拉门，中间车设置

“湾区蓝”与“活力橙”——
十八号线与二十二号线列车

车内实景

4对双开塞拉门（宽度1300mm，高度1860mm），可以满足大载客量情况下乘客的快速乘降。

比肩城际动车组的气密性要求，高速条件下舒适性好

车体采用一体化设计，外观呈流线型，减少列车气动阻力。

车辆选用具有气密性的部件，包括气密性带辅助锁闭车门、气密性贯通道等，并设置压力波保护装置，从密封设计和压力保护等方面系统提升车辆气密性，实现比肩动车组的气密性指标，车辆动态密封性指数大于6s。

车下采用全密封设备仓，有效降低车下设备噪声。

车内采用复合地板、隔声垫，优化空调风道结构，加装废排消音装置，有效降低噪声源，提高乘客舒适度。

羊城新快线　提速大湾区

广州市轨道交通十八号线和二十二号线规划与设计

SECOND

二

绿色品质地铁

（一）车站环境

1. 设计理念

时尚、科技、活力

十八号线和二十二号线作为国内首批160km/h全地下市域快线，打造粤港澳大湾区“半小时生活圈”，突破传统地铁形象与理念，树立广州地铁新形象。

十八号线车站整体采用流线型的美学设计，塑造灵动飘逸的层次感和舒展流畅的空间感；每条线的设计元素贯彻一致，天地墙的形式和构图相互呼应、浑然一体。

（1）区域定位：国际现代。呼应区域定位，聚焦与世界接轨，营造国际现代的空间。

（2）乘客心理：科技活力。结合线路特点，关注乘客心理感受，打造科技活力的空间。

（3）车站空间：时尚美观。优化界面布置，注重空间识别，创造一体化时尚的空间。

番禺广场站

横沥站

大空间大气象

一体化设计

车站建筑空间运用空间一体化设计理念，优化土建形式，最大限度地利用车站空间。同时，车站整合机电设备末端，注重提升乘客的空间感和舒适度，营造开阔大气的视觉效果，体现空间环境的人性化设计。

突破二维平面构成，构筑三维立体流线美学

全线车站均采用流线型的美学设计，塑造灵动飘逸的层次感和舒展流畅的空间感，突破传统横平竖直的平面装饰做法，利用三维曲线尽显空间之美。

大空间大气象

建筑空间规模在高度和跨度上的提升带来空间感受上质的变化，为奠定舒适、通透的大空间打造基础。

（1）高度：标准站台标高不小于3.6m，标准站厅标高不小于4.2m,大型站、枢纽站

空间一体化设计

突破二维平面构成

番禺广场抽柱站厅

站厅标高不小于5m，全线最高站点——万顷沙站厅标高达到7m。

（2）跨度：站台13m单柱、12m无柱，冼村、磨碟沙、龙潭、沙溪四个站点均采用无柱空间设计，尽可能将无效空间转换为有效空间。

（3）特殊处理：番禺广场站主结构采用3柱4跨框架结构，站厅公共区采用抽柱处理，赋予车站空间宽阔感。

2. 番禺广场站厅抽柱中空处理

番禺广场站标准段采用三柱四跨框架结构，负三层站厅公共区范围采用抽柱处理，抽柱后中间跨跨度达23.5m，抽柱范围双柱分别采用直径1.4m/1.0m的变截面钢管混凝土柱。

为满足负一、负二层物业开发层高和跨度要求，站厅公共区顶板上方设置型钢混凝土托换梁，并利用托换层回填满足结构抗浮需求。

车站设置3处挑高空间，采用中跨楼板镂空形式，对该空间四周钢管混凝土柱节点进行特殊处理，满足后期装修要求。

3. 万顷沙站无柱站厅

万顷沙站为增加站厅层的横向空间感，取消了站厅层结构中柱；同时尽量上抬顶板、下压中板，以增加站厅层的高度。

站台有柱断面较无柱断面底板边支座弯矩减小7.6%，跨中弯矩减小30%。

万顷沙站无柱站厅

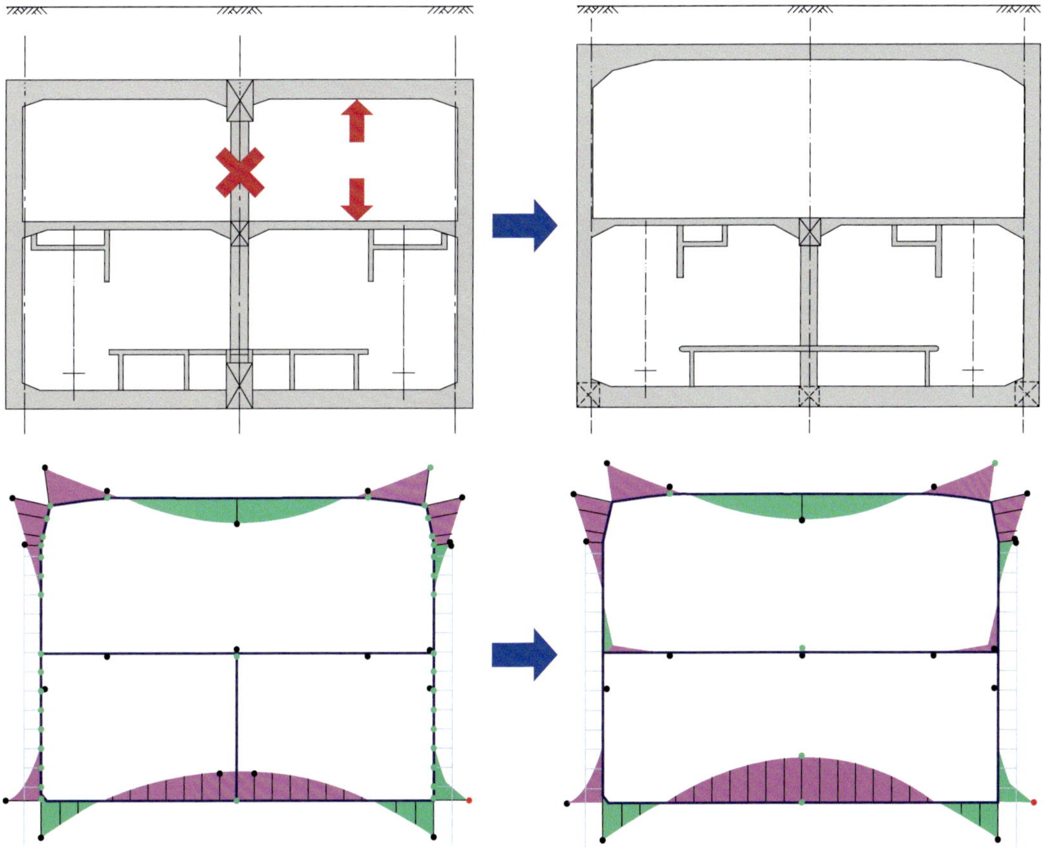

万顷沙站无柱站厅设计

4. 冼村站大跨无柱结构

冼村站公共区为地下三层大跨无柱结构，并采用厚板结构以方便架设模板，由此提高施工效率；底板设置两排抗拔桩，以减少底板厚度，降低施工难度。截至目前，冼村站为广州地铁完成的最大断面的地下三层大跨无柱结构车站。

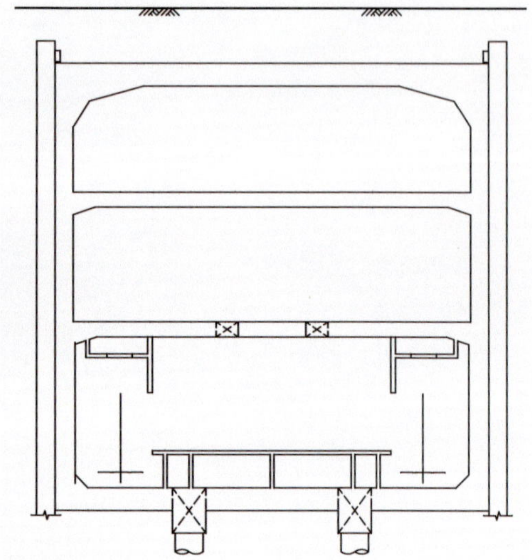

冼村站厅及剖面

5. 陈头岗站双岛大跨结构

陈头岗站公共区采用地下两层单柱双跨结构，结构侧墙与中柱间净距18.44m。结构为厚板结构，并于侧墙边及顶纵梁两侧设置腋角，以减小顶板截面厚度。底板设置一排抗拔桩，在满足车站抗浮要求的同时，还可以减少底纵梁的跨度及截面尺寸。

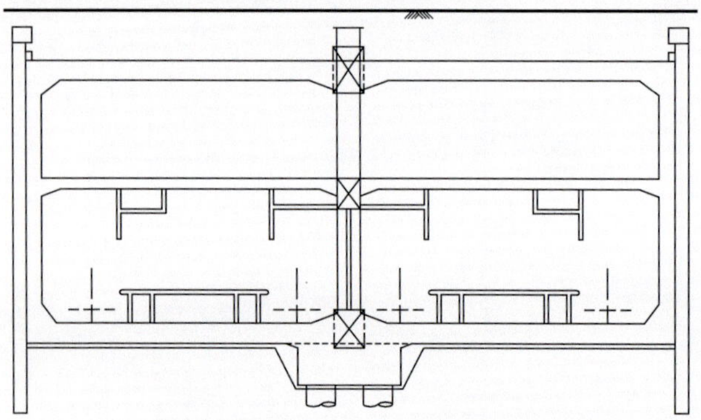

陈头岗站厅及剖面

（二）人性化设施

1. 服务区服务岛

服务功能集约化

车站将明确的功能服务空间界限明确化、特征化、集约化，形成乘客空间记忆点。

综合服务岛

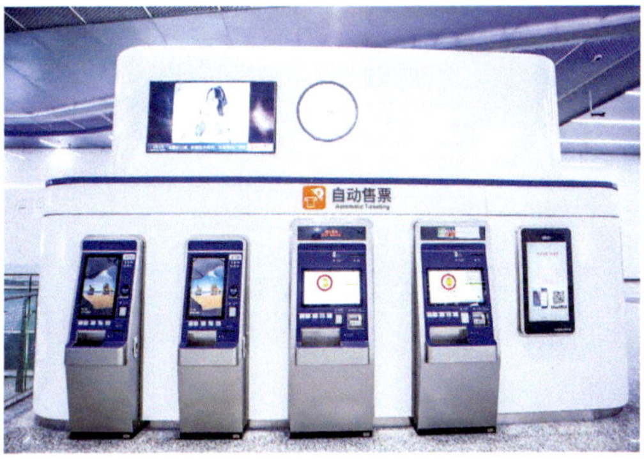

综合服务区

2. 基于光环境深化的智能照明系统

全新功能

（1）车站采用可变色温灯具，可根据客流、天气等情况调节灯具的冷暖色调，实现精细化控制，有效提升车站整体光环境的舒适性。

（2）车站根据列车快慢车等情况调整RGBW（四原色）灯具的颜色和动态变化，提供导向性功能。

（3）陇枕控制中心试点采用全新系统架构的物联网，整合数字化全过程维护，在任意通用终端上均可进行全过程维护。

灯光仿真模拟效果

先进设计手段

智能照明系统采用全新的技术手段对车站整体进行接近100%光环境还原的仿真模拟，光环境还原度为全国领先水平，有效提高了设计阶段车站照明设计的精准度。

绿色节能

（1）车站结合公共区不同功能区域，如广告、自助售票、闸机等区域，根据实际需要进行细分区域的精细化控制。

（2）各类暗藏氛围灯可根据运营实际情况进行单独调光，提高舒适性、节约能耗。

灯光艺术专业化

灯光引入间接照明设计，采用多种照明形式组合，让车站照明更加柔和舒适，提升车站建筑的高级感和纵深性。同时运用智慧照明控制系统，控制并调节色温和色调，可以根据需要定制和实现充满艺术表现力的光环境场景，让车站更具未来感和科技范。

现场效果

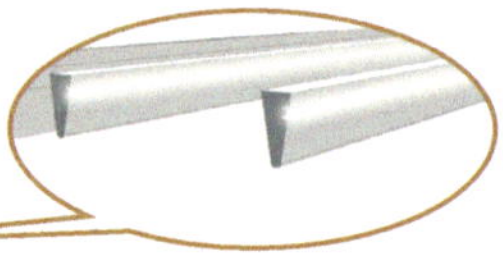

舒适光环境

灯光艺术化效果

模拟自然光

灯光联动快慢车信息

透明屏联动灯光艺术

节假日模式

新媒体服务功能智慧化

车站首次引入光电玻璃及LED透明屏等智慧新媒体技术，结合空间的导向指引，以实现智能化、人性化控制。其中，十八号线番禺广场站引入LED透明裸眼3D屏，融合车站空间及智慧光环境控制系统，可根据需求通过整体光环境及LED裸眼3D屏的内容进行定制化场景呈现，让车站更具有科技感，为乘客提供更好的沉浸式体验。

3. 新时代智慧乘客信息系统

（1）国内首批全线PIDS（乘客信息显示系统）嵌入站台门滑动门盖板的线路。

（2）国内首创站台门状态及故障显示屏，并采用富有美学的“胶囊屏”形式。

（3）国内首创站台门故障代码理念，并在“胶囊屏”实时显示，大大便于运营维护及乘客使用。

胶囊屏

（4）“胶囊屏”可对列车车厢号、对位隔离、故障代码、开关门动画、障碍物探测等重要门状态及故障信息进行显示，直观、生动、活泼。

4. 导向系统

与车站环境融合的人性化导向系统

导向系统简洁大气、时尚精致，设备整合设计，精细化标识制作，重新定义的色彩系统可较好地提升导向辨识度。

根据车站的装修风格，导向牌的安装尽量减少或取消吊挂的形式，而采用墙柱悬挑或镶嵌式安装。

导向标识与车站的装修风格统一；自助设备、机电设备通过整合，实现整体化的效果，提高了设备的使用效率。

导向系统与装修效果契合

垃圾分类

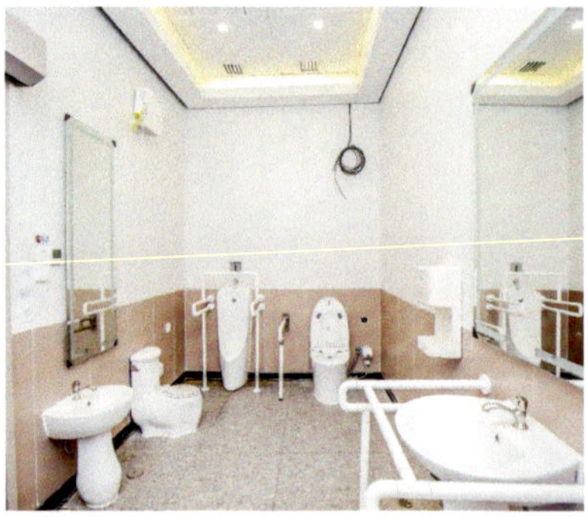

第三卫生间

母婴室

女卫生间

男卫生间

5. 便民设施

高标准、人性化的便民设施

人性化考虑配套空间及功能使用，配套第三卫生间无障碍设施建设，并打造智能关爱型母婴室。同时，配置的分类垃圾桶与浅色基调的车站装修风格协调统一。

人性化的文化植入

车站设置具有识别性的文创IP，便于维护更新，与商业资源整合。

车站文化橱窗通过不同装饰材料的运用与结合，形成色彩斑斓的构件与不断更新迭代的环境。

从乘客人性化需求出发，车站引入图书角等便民空间，提倡全民阅读，提升车站服务及品质感。

换乘通道设置水平自动步道

十八号线和二十二号线首通段3座车站换乘距离较远，番禺广场站换乘通道长约160m，磨碟沙站换乘通道长约200m，南村万博站换乘通道长约180m，为了提高乘客换乘效率，车站在换乘通道内部设置自动步道，提升服务水平。

人性化的安检设施布局

土建设计局部外扩通道，预留通道安检区域，解决既有车站安检需占用站厅公共区的问题，使车站客流组织更流畅、公共区整体效果更完整，大大提高客流通过效率。

图书馆

文化橱窗

特色造型墙

便捷换乘通道

安检设施布局

（三）地面附属设施

提升地面附属设施人性化服务品质

十八号线和二十二号线地面附属设施在满足功能和用地的基础上，从城市设计的角度出发，整合周边交通与服务设施，基于多角度、多层次的综合分析，提出一套对出入口分级规划设计的策略，有效解决出入口空间千篇一律、与相对复杂的城市空间存在矛盾和冲突的问题。从空间布局、地铁附属建筑、景观园林、照明与给排水、交通衔接设施、城市家具、海绵城市、文化融合等方面对出入口周边景观空间进行设计提升，以期构建安全、便捷、品质、共享的设施空间。

1. 人性化的交通衔接设施

交通衔接设施的布局依照以人为本的理念，为乘客提供舒适、快捷的换乘空间。交通衔接设施沿着贯穿车站的客流步行主轴合理规划布局，并综合利用车站周边的地上和地下空间，实现土地集约化、布局紧凑化、换乘立体化。因此，车站周边设置地面自行车停车场、公交停靠站、出租车泊位、公交站（总站、首末站）、P+R（停车+换乘）停车场。

地面附属设施鸟瞰

八大设计模块

五大设计原则

交通衔接

集散广场

2. 打造口袋花园

绿化植物的高低层次组合、花期组团配合，赋予出入口周边空间环境一个崭新的可四季观赏的口袋花园面貌。

出入口造型简洁，与地域环境融合，具有标识性、引导性，并设置人性化服务设施。

对于城市景观要求较高的区域，根据环境与所在地文化背景进行特殊化设计。

3. 融入海绵城市设计

车站充分发挥地面附属建筑、道路和绿地等生态系统对雨水的吸纳、蓄渗和缓释作用，有效控制雨水径流，实现自然积存、自然渗透、自然净化的城市发展方式。

地面附属设施

景观绿化

自行车停车场

休息座椅

出入口广场

下沉广场

透水铺装

增加道路透水面积，减少地表径流，增加下渗面积

路牙水槽

道路路牙设置收水槽，吸纳道路积水至旁边的生物滞留带

下沉式绿地

最低点低于周边铺砌地面300mm左右，具有一定调蓄容积作用的绿地

雨水花园

综合利用地形设计成雨水花园，有效收集道路或宅间雨水，雨水通过卵石、植物、细砂、土壤等过滤层进行净化、下渗

海绵城市

（四）绿色低碳机电

1. 隧道泄压通风

自带泄压功能实现地下车站160km/h越行

十八号线和二十二号线采用“大站停+站站停”组合的运营组织模式，越行列车以160km/h的速度全速越站，所产生的气动效应对车站设备、管线、司乘人员均有较大影响。

隧道泄压通风的设计首次将地下越行车站的活塞通风系统设置与减缓压力措施结合，在不降速的前提下，有效降低气动效应影响；车站内不需要再采取额外的泄压措施，节省了土建空间，同时也减少对地面环境的影响，助力实现高标准时空目标。

2. 节能减排

高效节能设备

通风空调系统各设备采用一级能效且具有变频功能，对底层设备的能耗进行严格控制。

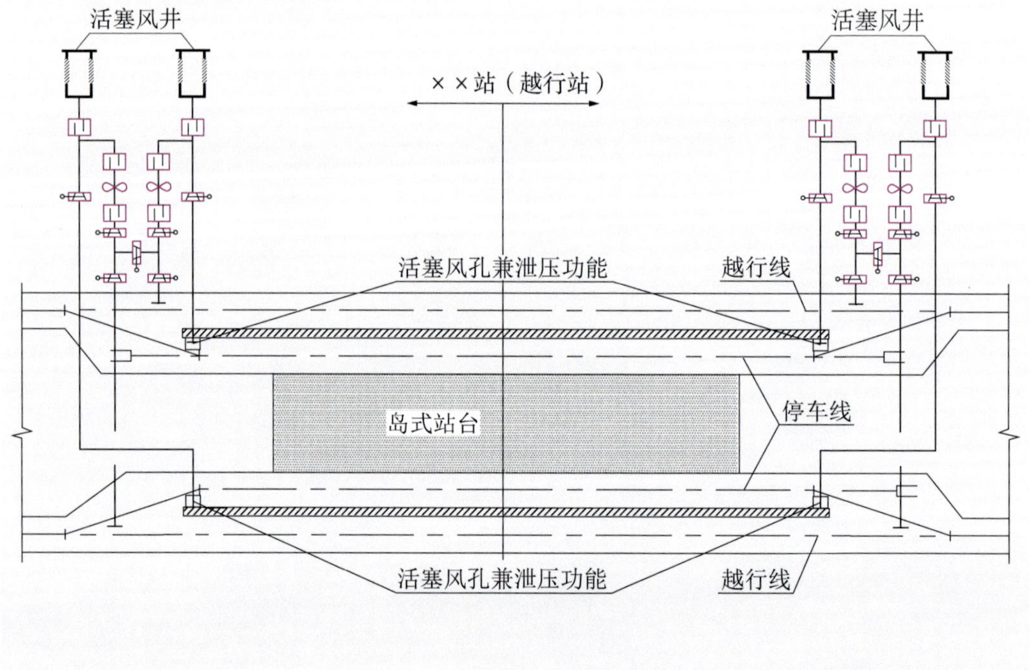

地下越行车站隧道通风系统兼泄压功能

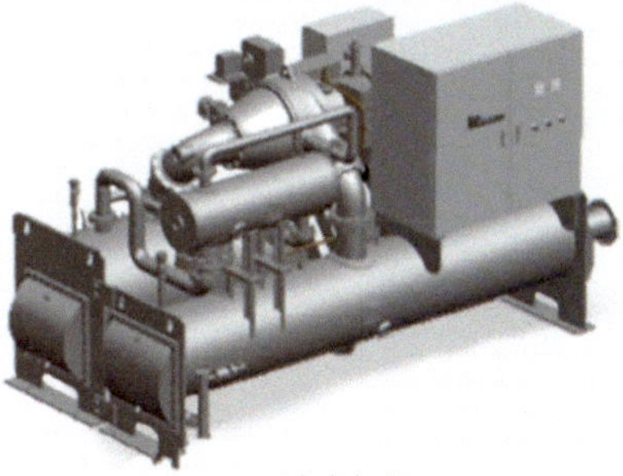
冷水机组

永磁同步电机

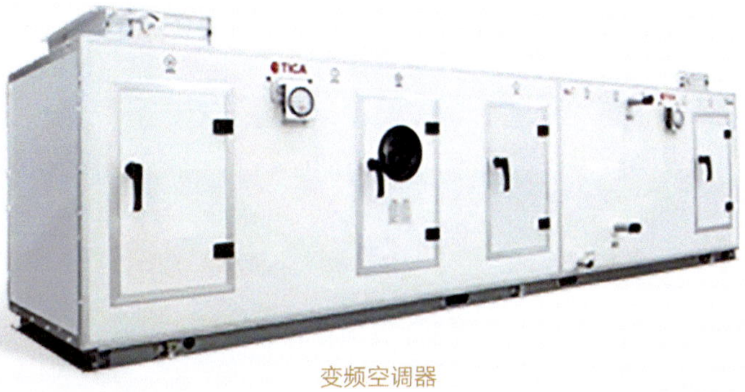
变频空调器

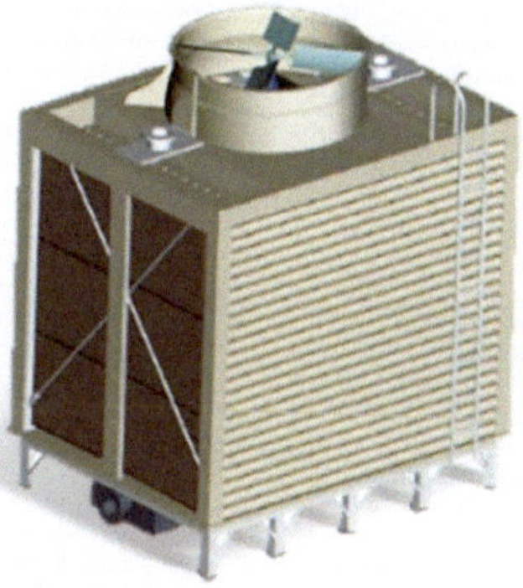
电机

风机

（1）冷水机组能效等级为双一级，突破单一螺杆机的选型，采用磁悬浮、离心式冷水机组等多机头多机型。

（2）水泵变频，工频满足一级能效要求，南村万博站采用永磁同步电机。

（3）变频空调器采用EC（永磁直流无刷外转子电机）风机、非变频空调器采用一级能效风机，大系统空调器采用可变风路节能技术。

（4）冷却塔变频，电机工频满足一级能效要求，并采用变流量喷嘴。

（5）风机要求一级能效，NO6.3以上静压比大于70%。

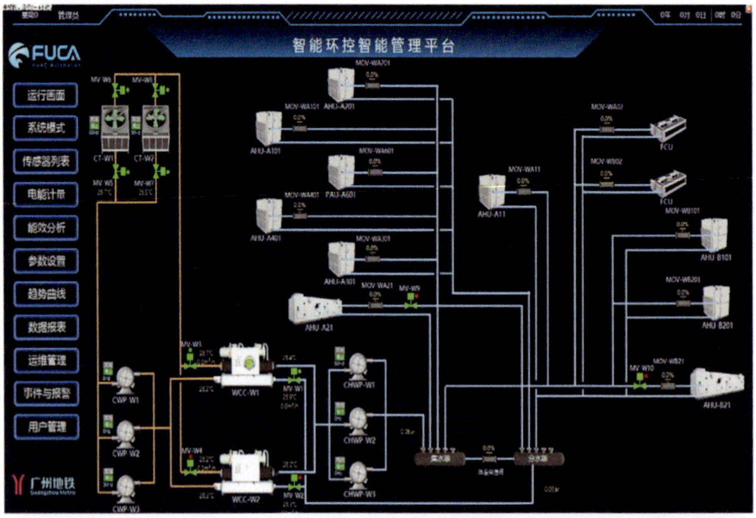

智能环控管理平台

智能环控设备

智能环控设备监控系统模式下的节能控制

十八号线和二十二号线是广州地铁高效通风空调系统在经过了多站示范后推广的首批线路，也是全国首次按线路级建设及带运行能效目标考核的线路。

通过主动寻优控制、风水联动串级控制、冷却塔湿球温度逼近度控制、冷水机组COP（综合制冷性能系数）监测、冷水机房COP监测、空调全系统COP监测等高效节能最优控制，两线车站实现总冷量≤2326kW的车站制冷机房全年平均COP不低于5.0，总冷量＞2326kW的车站制冷机房全年COP不低于5.2，空调系统COP不低于3.5的能效目标。

首创车隧智能同步排热系统

十八号线/二十二号线车站的隧道排热系统（UPE/OTE系统）采用左、右线分设排热风机，匹配“大站停+站站停”组合的运营组织模式，根据列车进出站信号控制该

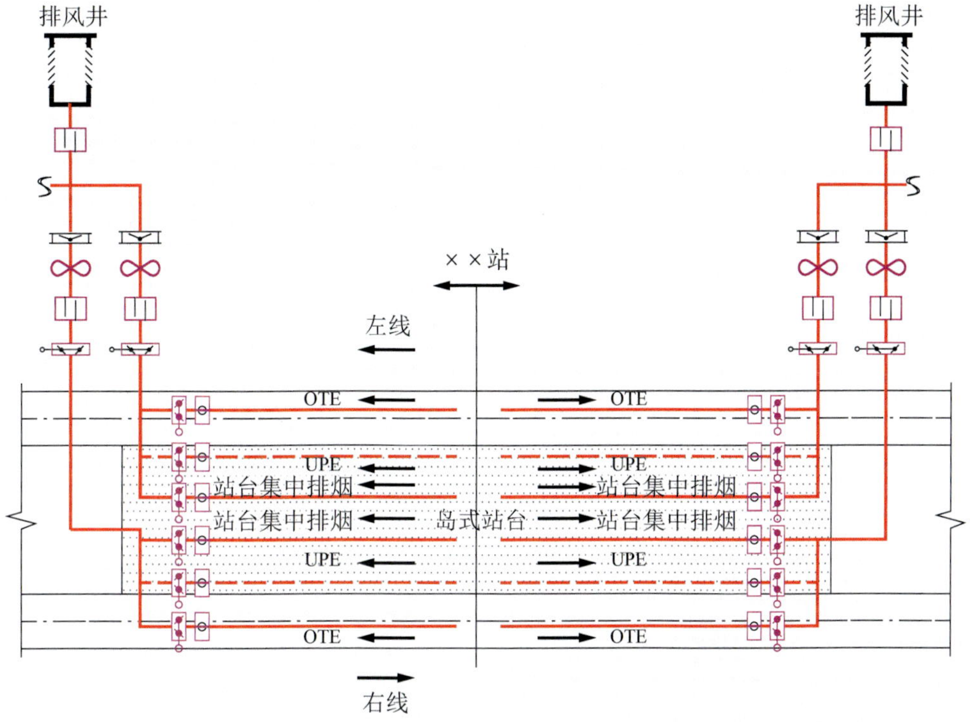

排热系统布置

排热风机布置

侧风机启停及频率，避免无列车停靠时排热风机的无效运行及过度运行，最大限度地节能降耗。

排热系统取消了传统轨顶、轨底风口处的插板阀，通过风口的开孔大小差异化设置使各风口的排风量基本保持均匀。

多台同型号EC风机并联组合

组合式空调器内部可变风路装置

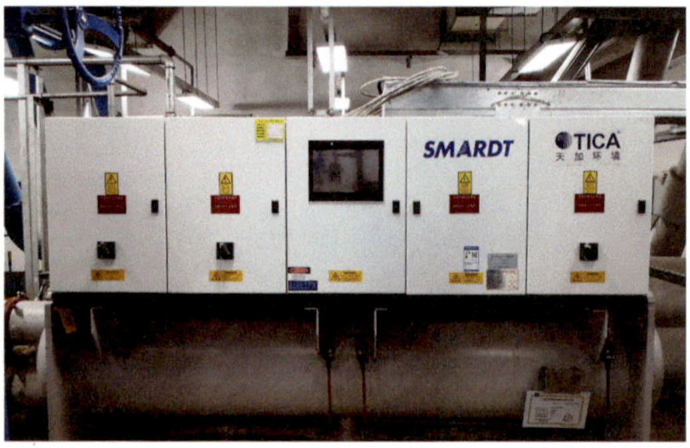

高效率永磁同步电机

空调器的内部“革命”

十八号线和二十二号线全线空调器（变频）采用EC风机，代替传统交流异步电机驱动的离心风机，EC风机采用外转子永磁直流无刷电机，一体式直连无皮带传动设计，具有尺寸缩减、配置简单、高效节能、无强制冷却、气流均匀、备用性能好、与其他专业接口简单等优势。大系统组合式空调器采用内部可变风路，可以减少过渡季节机组内部总阻力损失，进一步降低能耗。采取上述措施后，车站每年综合耗电量节省约20%。

永磁同步电机的使用

十八号线首次试点在水泵、大系统回排风机采用永磁同步电机。相较于三相异步电机，永磁同步电机具备效率高、功率因素高、无极变频调速、体积及质量相对较小、较轻等优点，每年综合耗电量节省约6%。

多机型高效冷水机组

全线冷水机组能效等级为双一级，采用了螺杆、离心、磁悬浮等多种机型，COP（名义）最高6.56，IPLV（综合部分负荷性能系数）最高10.12，分别高出一级能效0.66、2.02。

3. 全方位装配式

精细化设计

十八号线和二十二号线通风空调系统致力于建设成“先进轨道交通绿色智能型系统”。为达到线路级能效考核目标，两线按照《城市轨道交通通风空调系统精细化节能设计导则》进行精细化设计，对负荷计算、管路设计、水力计算及运行模式等全方位优化，在满足系统功能和最大节能效果的前提下，更有利于设备安装集成化，加快了安装进度。

装配式冷水机房

冷水机房在BIM成果的基础上进一步优化，减少管路阻力，并通过对模型构件模块化拆分、工厂预制、模块运输、现场拼装，避免工程现场的交叉施工，降低业主的管理难度，满足城市轨道交通紧凑的施工周期需求。

减少66%的阻力

形式简图	流向	阻力系数
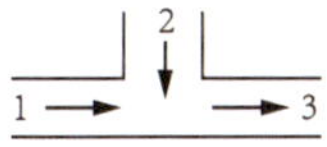	2→3	1.5
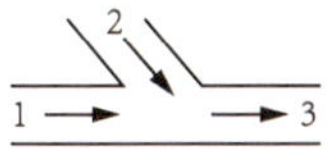	2→3	0.5

减少50%的阻力

弯头类型	阻力系数
	1
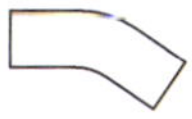	0.5

管路精细化设计

冷水机房装配式预制化安装

水系统管路弯头、三通优化

成品空调复合风管及支吊架

冷却塔整体模块拼装

预制化在车站的应用

在车站三维综合管线专业BIM成果的基础上，全线采用预制化加工，所有产品在工厂一体加工完成，再以成品形式直接运输到工程现场。与施工现场手工制作的工艺相比，一体加工的产品确保了精密度，在受控的环境下，产品质量和工艺得到了有效监督和保证，且产品整齐美观、方便安装、便于操作。标准化产品的生产及安装，不仅有利于缩短工期，更利于全线全生命周期管理的低碳节能目标。

4. 模块化站台门

本工程实现了国内首批成功采用全过程模块化装配式站台门技术的线路，该技术从

模块化装配式站台门吊装现场

全国首例！模块化装配式站台门落地广州地铁18号线

人民日报客户端广东频道 2021-05-07 08:42 浏览量4.9万

近日，由广州地铁集团有限公司、广州地铁设计院、佳都科技全资子公司广州新科佳都科技有限公司联合研发的模块化装配式站台门，顺利在广州轨道交通18号线沙溪站实现交付，成为我国首例落地应用的模块化装配式站台门。

《人民日报》报道

根本上解决了传统的站台门安装方案组装工序繁琐、工业化程度低等问题，提升了安装质量，节省了调试时间并提高了门体的可靠性和稳定性。

传统的站台门安装调试工作往往受制于轨道、土建、装修等专业，普遍存在现场安装条件恶劣、交叉施工、工期紧张的情况，安装方式以散件现场组/拼装为主，以部件/零件等为单元进行现场安装，工业化程度低、工序及零部件繁多、安装效率低、质量稳定性较差、产生建筑垃圾多、管理难度较大，进而影响了站台门系统调试进度及运营可靠性。

模块化装配式站台门以整体门单元为模块，在工厂将各部件完成装配、调试和测试等工作，运输到现场后，以“搭积木”的方式快速完成安装拼接，单个站台门模块单元完成安装仅需15min，对比传统安装方式缩短安装工期高达75%以上，极大提高了现场安装调试效率、工艺质量，并降低了人力成本，减少现场材料堆放，避免交叉作业，提升了现场安全文明施工管理水平。

5. 自动扶梯能量反馈

对于车站重载型自动扶梯满载向下运行所产生的再生能量，传统的自动扶梯通常采用了制动单元加电阻的能量转化方式，即利用能耗电阻将再生能量转化为热量进行消耗，白白浪费了能源，同时发热电阻转化来的热量还会一定程度上增加地铁站空调系统的负荷。

为贯彻新时代城市轨道交通绿色可持续发展的理念，本工程在行业内率先采用了直

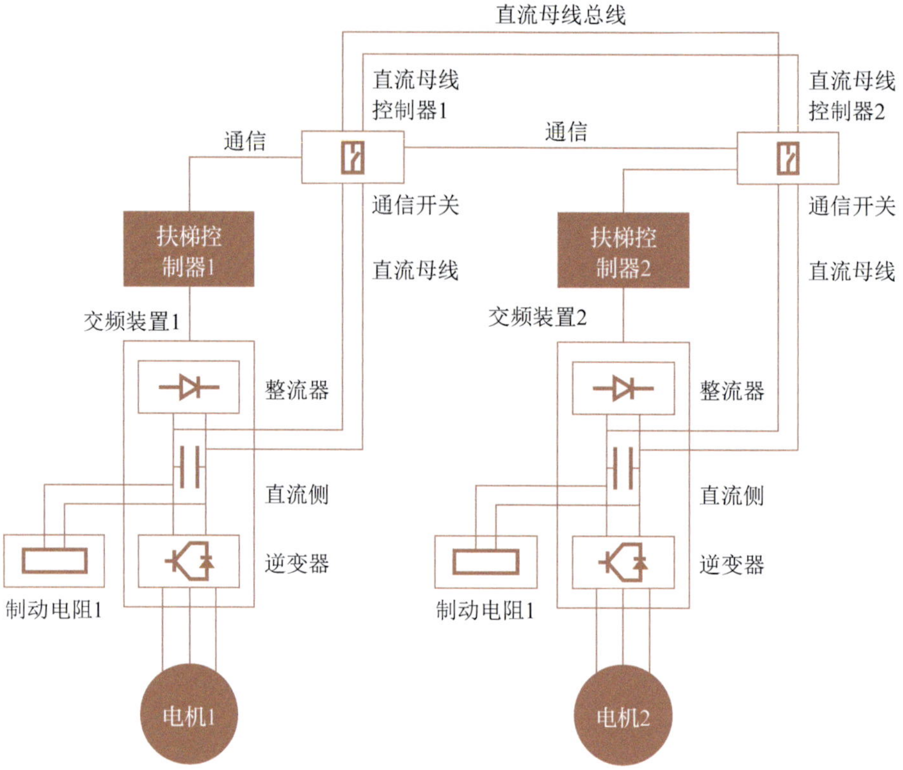

自动扶梯直流端能源反馈原理

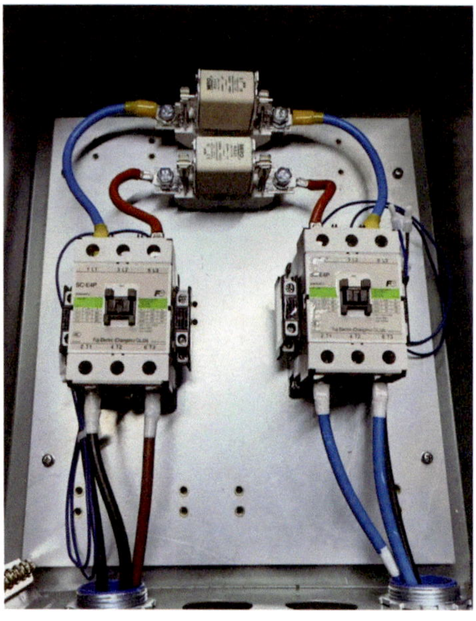

自动扶梯直流端能源反馈装置

流端能源反馈技术，将两台并排安装的自动扶梯（一台上行，一台下行）变频器的直流母线并联，两台扶梯正常运行过程中，下行扶梯变频器的母线电压较高，而上行运行状态中的扶梯变频器的母线电压较低。下行运行产生的再生能量可通过共用直流母线有效分流，实现再生能量的再利用，每组节能约25%。

与传统的发热电阻能量转化消耗相比，本技术不但实现了再生能量的高效再利用，同时也通过降低自动扶梯运行环境温度，改善自动扶梯工作环境及乘客舒适度，提高了自动扶梯的可靠性、安全性及服务水平。

（五）隧道设施

1. 轨道减振降噪

为满足列车快速运行时的振动及噪声防护要求，响应国家推广预制拼装建筑号召，减振垫浮置板轨道设计为预拼装方案，并实现了规模化应用

预拼装式减振垫浮置板轨道由钢轨、扣件、预制板层、减振垫层、自密实混凝土层（含凸台）及基底组成，可削弱轮轨振动向线路周边环境的传播，减振效果可达10dB。

圆形凸台、凸台向上、预应力、厂内拼装

板中部设两个圆形限位凸台(孔)与一个自密实混凝土灌注孔，圆形限位凸台与板底自密实混凝土一次性浇筑。

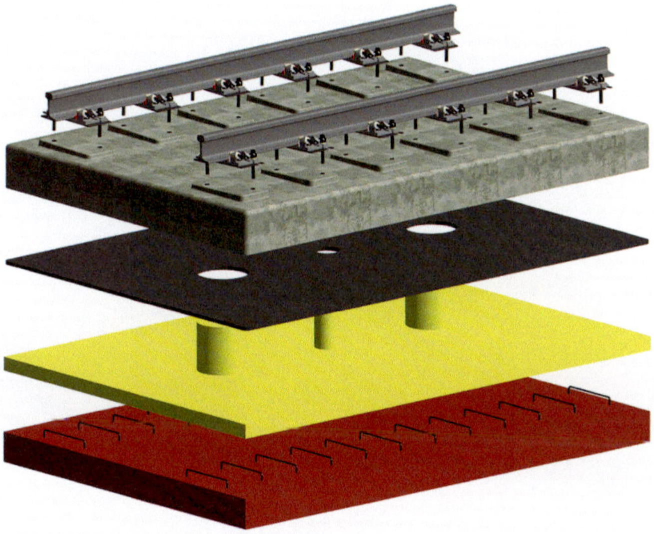

道床类型结构分层

一体化凸台缓冲垫

预拼装减振垫浮置板道床

限位凸台与轨道板间设置一体化弹性缓冲垫层，板下设置减振垫。

弹性缓冲垫、减振垫与浮置板均在工厂内实现预拼装。

研发并铺设了世界上设计速度最高的钢弹簧浮置板轨道，为市域快线下穿特殊敏感点提供了更优选择

新型钢弹簧浮置板轨道由钢轨、扣件、预制浮置板、内置式隔振器、共享式隔振器、中置式剪力铰及基底组成，隔振器包含联合支撑弹簧和静载支撑弹簧两种，可全面适应浮置道床系统在变化动载条件下振动控制需求，并易于实现静载条件下浮置板的调高调平，使系统自振频率与荷载弱相关，实现在列车高速通行时，降低浮置板顶升调平难度，提升减振效果至13dB。

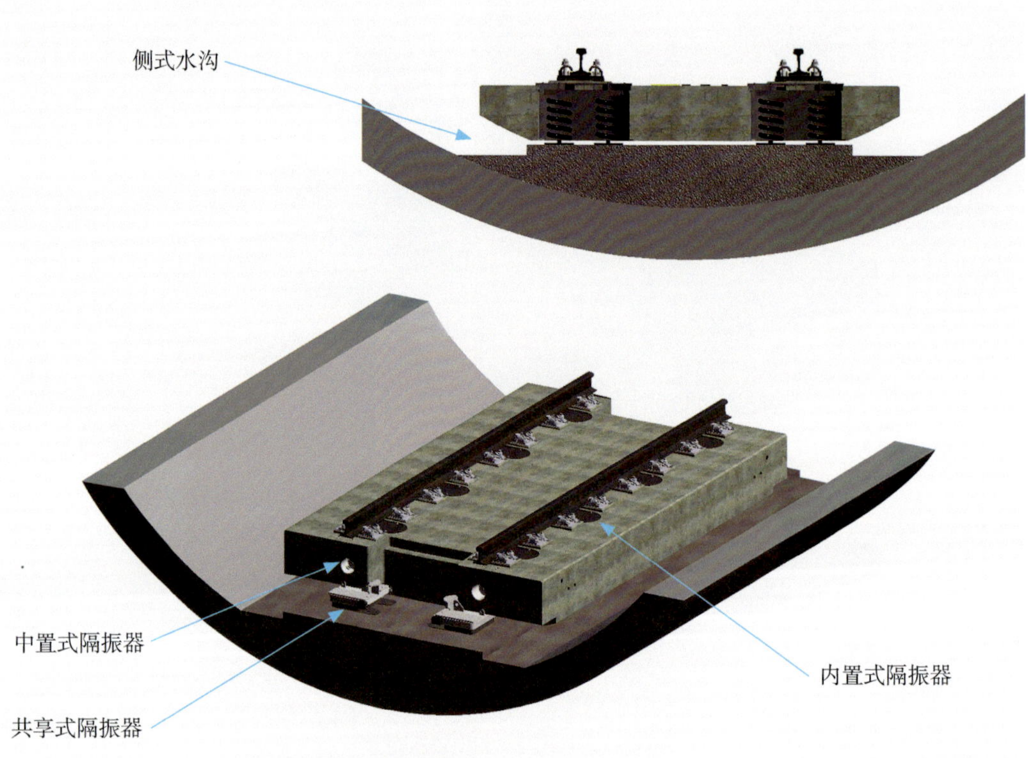

频率与荷载弱相关型钢弹簧浮置板

2. 预埋套筒+外挂槽道

预埋套筒+外挂槽道方案具有以下优势：预埋施工简单可行，检验检测非常简单，预埋后即可确保不会生锈；外挂槽道若有质量问题，经检测后可退换或者更换。安装工艺和检验检测均简单可行。

为了控制工程造价，工程进一步加密套筒，套筒间距由0.636m调整为0.424m，仅

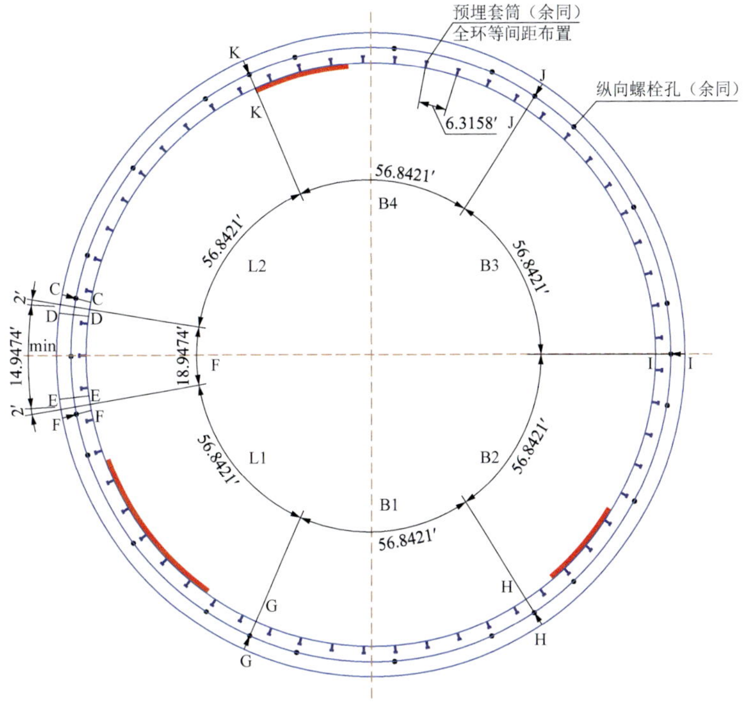

接触网环套筒+槽道布置
设计图

接触网环套筒+槽道布置
预安装图

在疏散平台、消防水管以及接触网处使用外挂槽道，其余管线通过支架直接与套筒连接，大大减少了外挂槽道的数量。

3. 全地下160km/h刚性架空接触网系统

十八号线和二十二号线为国内首批全地下160km/h采用刚性架空接触网授流线

路，最高试验速度达176km/h，为国内地下线路最高。

与传统柔性架空接触网相比，刚性架空接触网在运行可靠性、维护便利性及故障影响范围上更占优势。

刚性架空接触网

4. 贯通式同相供电系统

本工程在牵引变电所采用单相组合式同相供电方案，取消牵引变电所出口电分相；牵引变电所供电臂间采用电子开关过分段和柔性过分段装置，取消所间电分段。与此同时，本工程的AC25kV单相供电系统是国内首次在全线采用不断电同相供电技术，解决了以下问题：

（1）全线各供电臂同相位，消除原不同相间的电分相和无电区，车辆不必采用传统的升降弓或车载过分相等方式降速过相，确保市域快线高密度发车的正常运营和高水平服务，也可避免车辆停在无电区的失电风险，实现全线不断电同相供电，列车无感知断电运行。

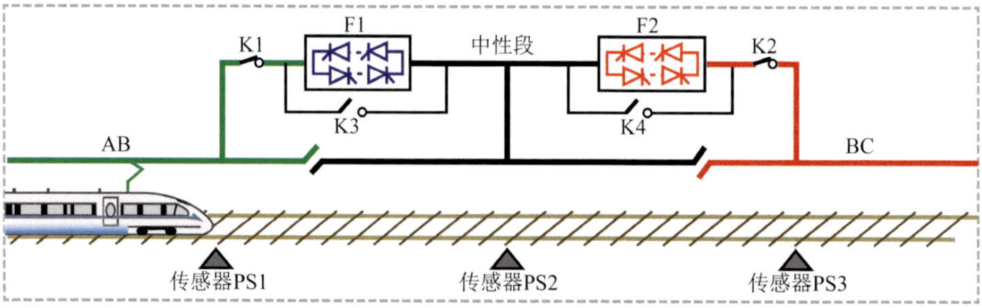

电子开关过分段

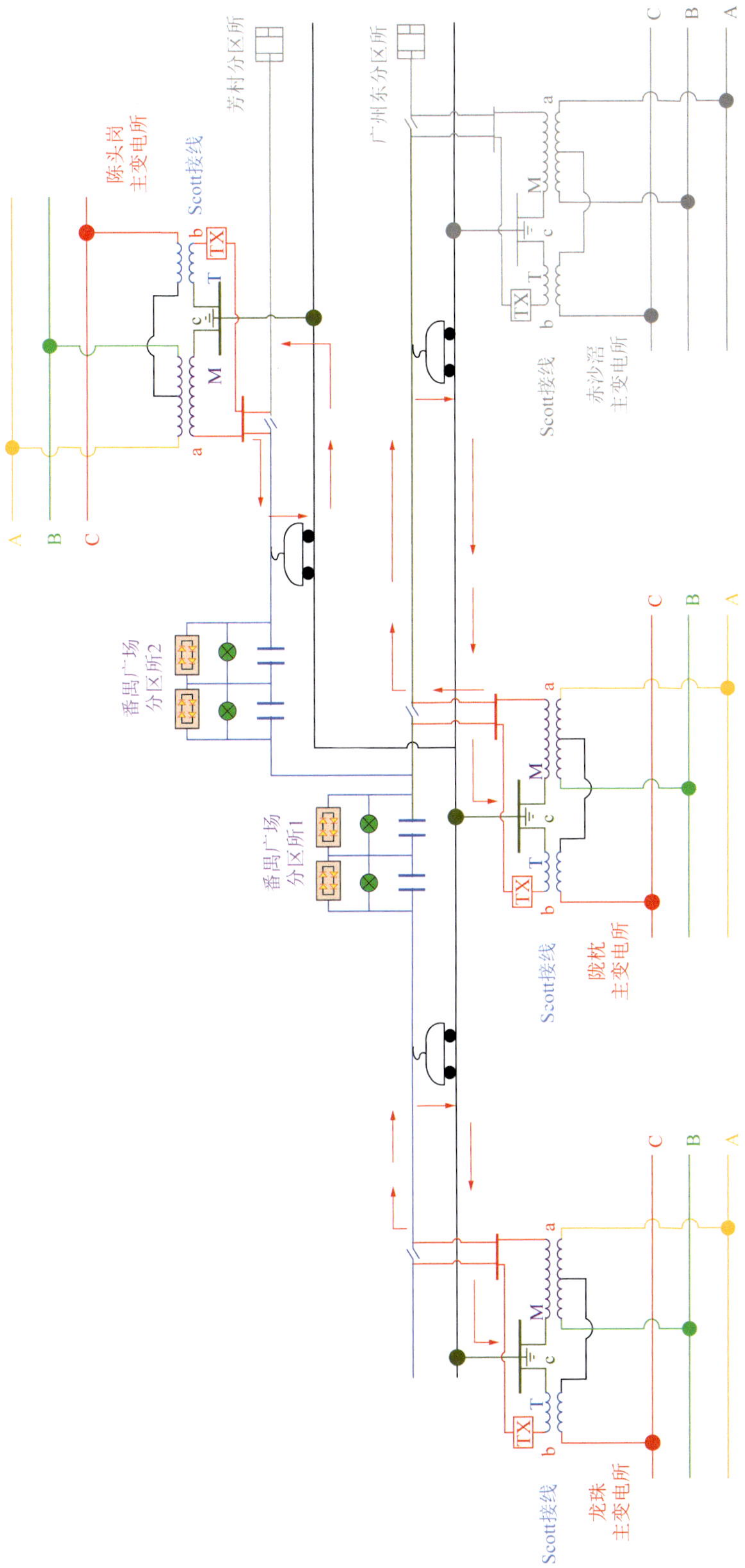

十八号线 / 二十二号线供电系统

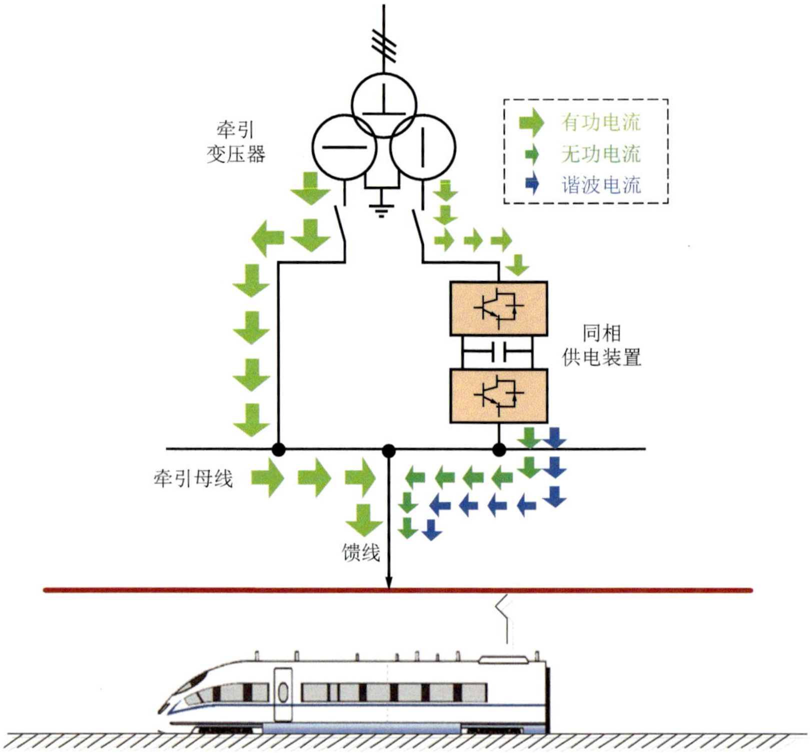

同相供电系统

（2）市电电网侧彻底消除负序、谐波等电能质量问题。同时，本装置也可对内部供电系统进行无功平衡等治理，提升系统的电能质量。

5. 疏散平台

疏散平台系统由人行步板、扶手及其支撑部件组成。在隧道管片采用预埋套筒的前提下，以及在满足疏散平台受力、耐火性能等的基础上，平台支架通过T形螺栓与外挂槽道紧固连接，扶手及锚固件通过紧固螺栓与预埋套筒紧固连接。疏散平台有以下几个特点：

（1）材料轻：在满足耐火极限1h的前提下，采用轻质、绝缘性好、耐热、组装简单的改性复合材料，可有效提高平台踏板的施工效率。

（2）宽度大：盾构隧道为7.7m内径大断面，平台宽度较大，盾构段宽度为1200~1650mm，为疏散救援提供保障，提高乘客的疏散速度。

（3）跨度大：采用大跨度地下区间疏散平台，钢支架中心间距最大为1600mm，可有效提高疏散平台现场拼装效率。

（4）装配式安装：基于外挂槽道进行安装，可随时安装、更换及维护，提高疏散平台的拼装效率。

疏散平台现场安装图

羊城新快线　提速大湾区

广州市轨道交通十八号线和二十二号线规划与设计

THIRD 三

智慧地铁赋能

（一）乘客服务

自动售票机支持人脸识别支付、无感支付等多元支付方式，提高售票、检票智能化水平。

智慧地铁移动 APP 应用功能丰富，提供多种出行及生活服务信息。

车站内设有一体化客服中心和自助客服终端，提高乘客自助服务水平。

客流动态、列车运行时刻可实时显示，为乘客提供出行路径咨询服务及建议。

人脸识别支付

自助客服终端

一体化客服中心

十八号线运行情况实时显示

广州地铁线网示意图

十八号线客流动态

（二）行车组织

国内首次采用高速度、高密度CBTC信号系统，实现南沙区至中心城区30min通达，并具备跨线运行功能。

信号系统增加了自动运行、列车跳跃、站台门对位隔离、列车自动站间运行等功能，可以减少人为干预，增强系统防护能力，降低司机驾驶强度。

列车自动运行关键功能

序号	自动驾驶功能	专业	新增功能
1	车辆段/停车场实现列车自动驾驶ATO、自动洗车	信号	车辆段/停车场ATO
2	全自动驾驶（FAM）、列车跳跃、对位隔离	信号	FAM、列车跳跃、对位隔离
		车辆	改造车辆信号接口
		站台门	缝隙检测

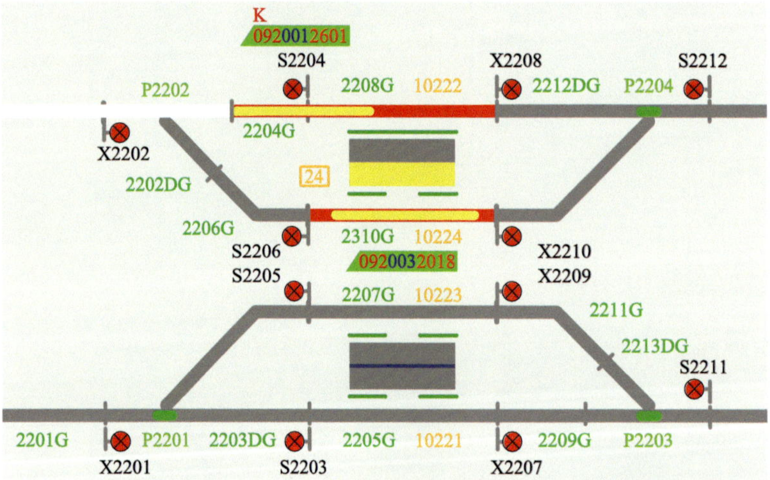

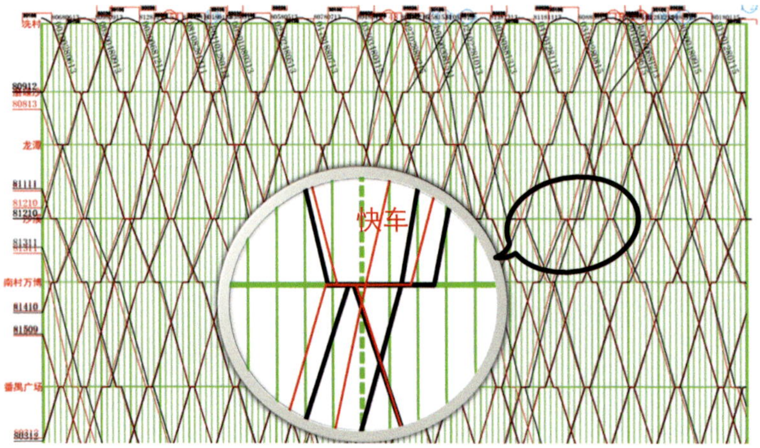

快慢车运行图

系统功能说明

ATC系统	实现有人监督列车全自动控制（ATC）
联锁系统	采用全电子联锁
ATS系统	两线合设一套列车自动监控系统（ATS），具备跨线直通 + 快慢车组合的运营组织模式
DCS系统	采用分布式控制系统(DCS），有线网环网冗余；无线网采用LTE技术，双网余，信号专业承建B网，通信专业承建A网
MSS系统	采用综合维护监测平台（MSS），实现对信号系统各设备的集中维护、监测和管理
段场方案	段场纳入ATC控制，具有FAM、ATO模式，具备自动调车、自动洗车功能

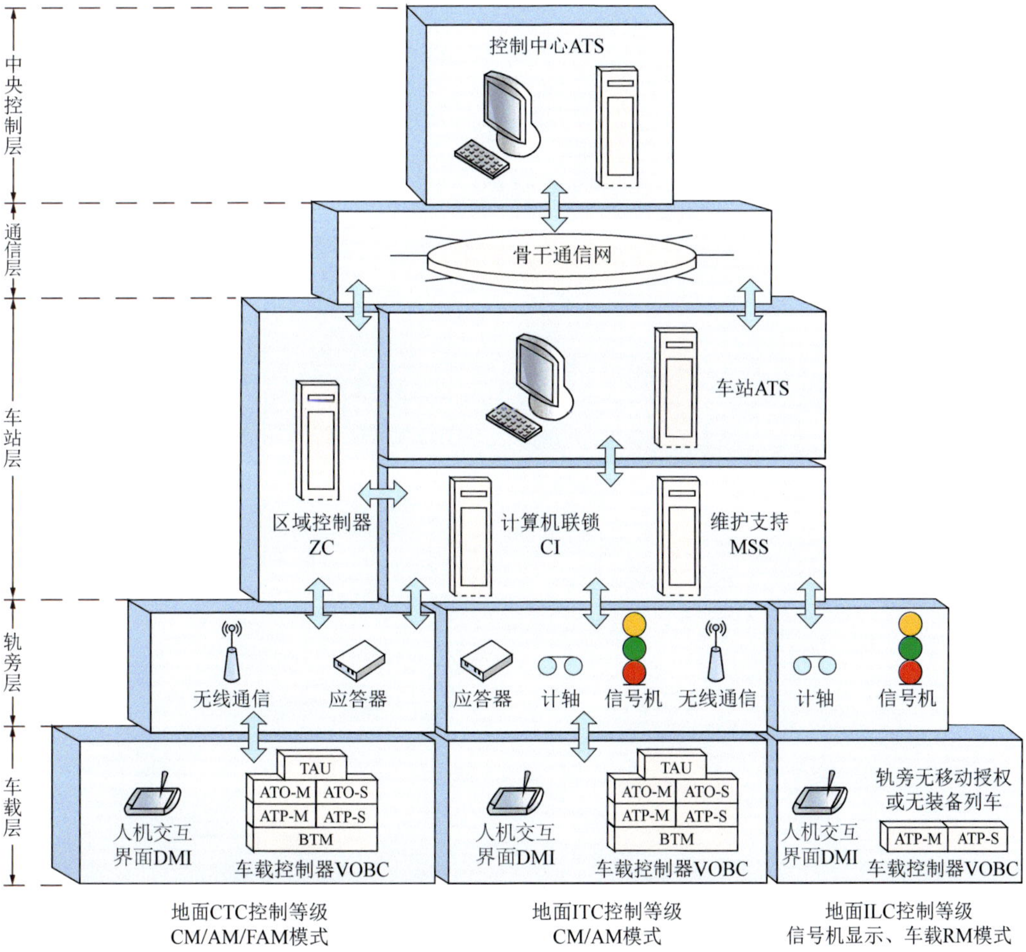

信号系统组成

（三）调度指挥

调度中心设置与地铁线网指挥系统升级的接口，预留建设运营一张网实时监视条件，可以满足运能运量精准匹配、线网运输互联互通、乘客出行快捷便利、网络化运输组织高效的要求。

线网运营管理指挥中心监控系统

（四）车站管理

依托遍布车站的各类智能探测设备，智慧车站系统开发车站场景控制应用功能，通过工作站、移动式工作终端，实现一键车站联动、一键智慧巡站等功能。

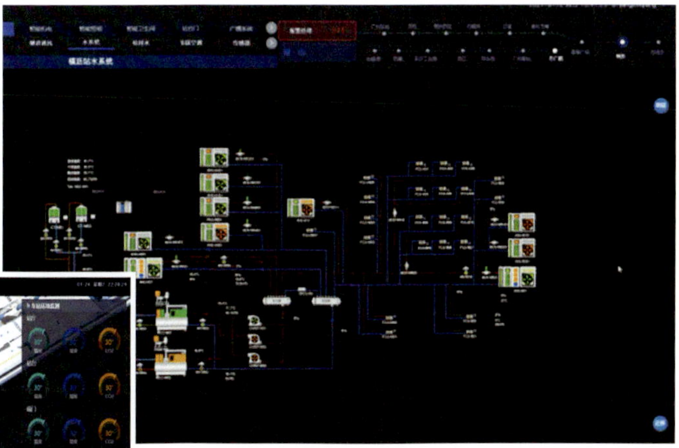

全域设备状态监控与预警

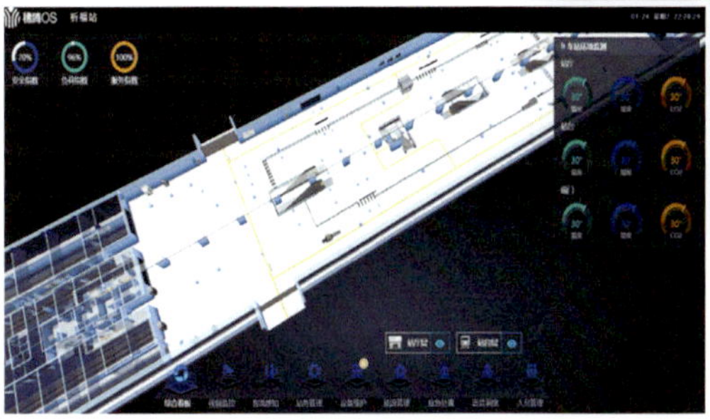

车站应急预案一键执行与跟踪

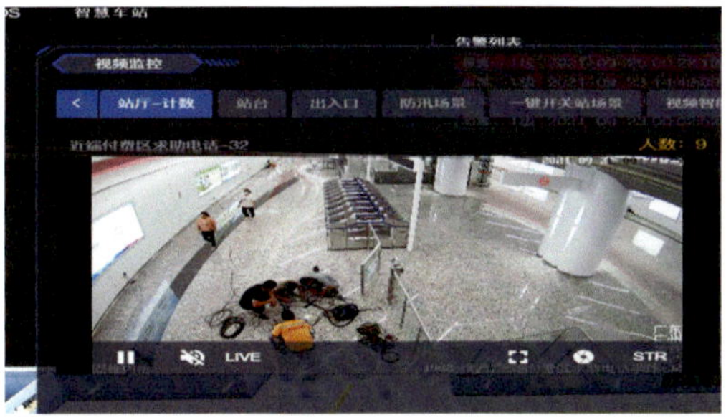

站内外客流感知

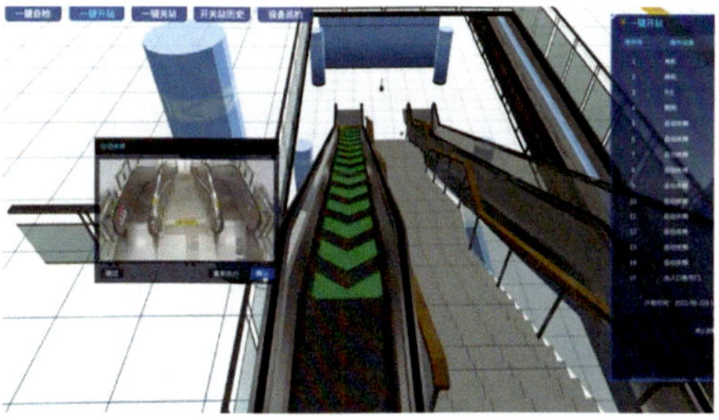

一键开关站

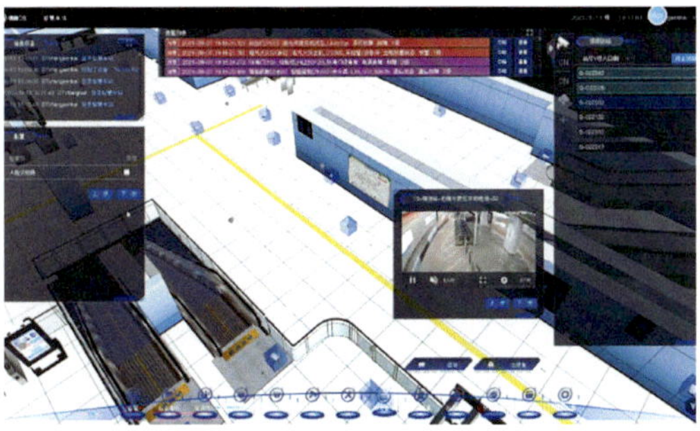

视频巡站

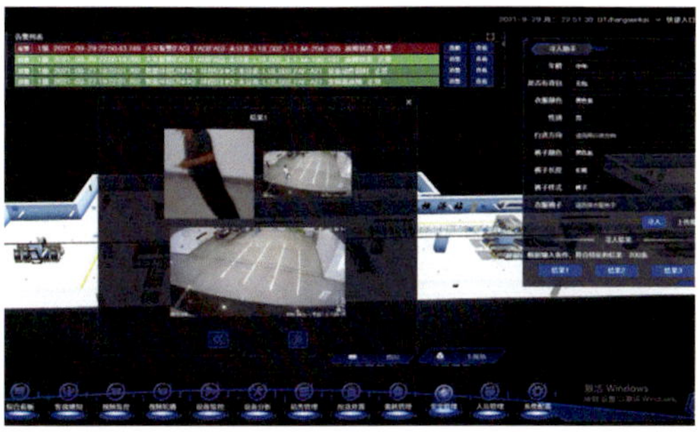

智慧寻人

（五）运营管理

线路运营搭建基于BIM的基础设施运维管理平台，实现资产全生命周期管理的信息化、流程化、无纸化。

项目融合BIM、移动应用等技术赋能运维业务，建立可视化应急预案，全面提升基础设施运维管理的效率与质量。

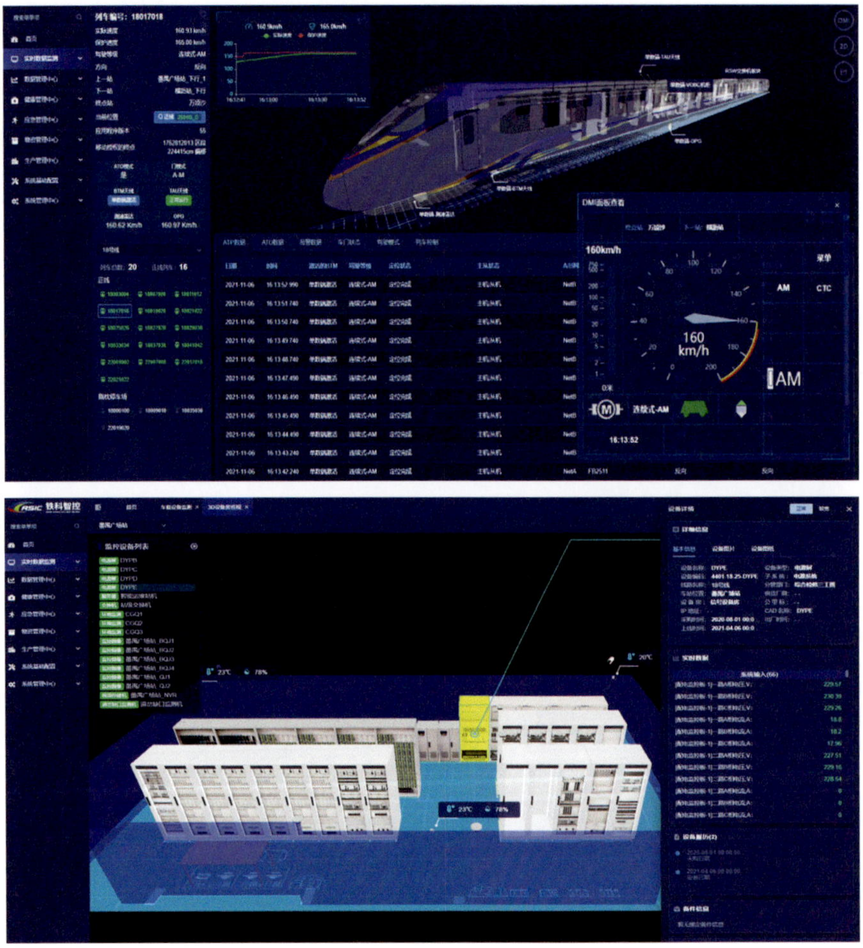

基础设施运维管理平台

（六）安全保障及应急处置

项目构建线网全域属性乘客画像库，支持多专业调用，提供精细化运行、精益化服务、精准化运营的乘客画像系统，在横沥、市广路示范站实现远程化判图，为精准化服务提供支撑，提升城市轨道交通运营服务水平。

智慧安检

（七）新技术、新工艺应用

1. 智慧车站管理系统穗腾OS2.0

智慧车站管理系统穗腾OS2.0率先在十八号线和二十二号线上示范应用，提供精准便捷的乘客服务和安全高效的运营管理功能。

（1）精准的乘客引导。智慧车站管理系统通过实时感知站台、列车各区域的客流密度,分析站台与列车客流分布的匹配情况,自动触发车站广播、电子导引、电扶梯等设备设施的联动控制,引导乘客有序乘车。

（2）精准灵活的运输组织。智慧车站管理系统通过分析乘客的出行规律，实现全

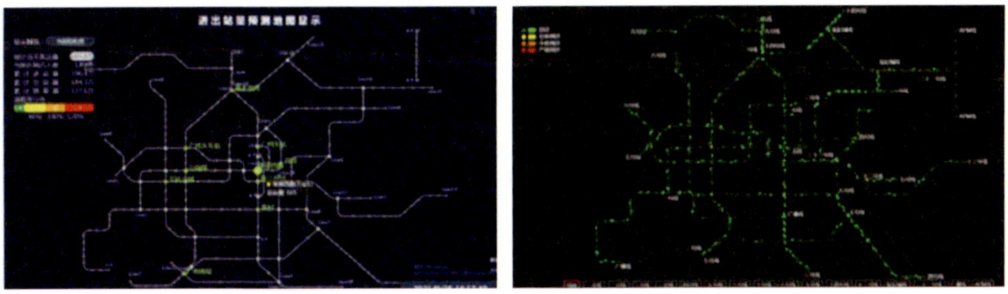

智慧车站管理系统

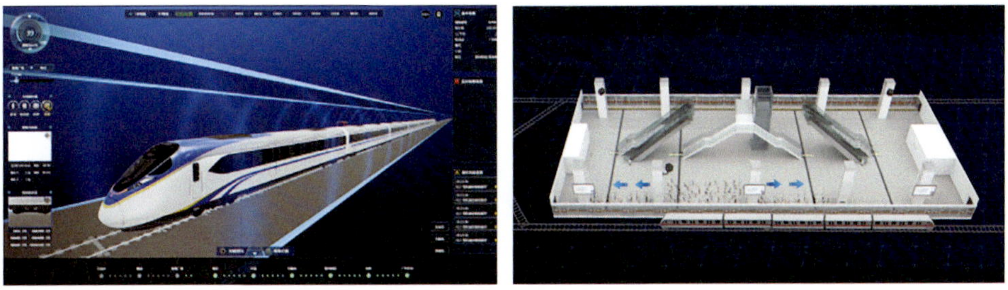

车辆智能运维系统

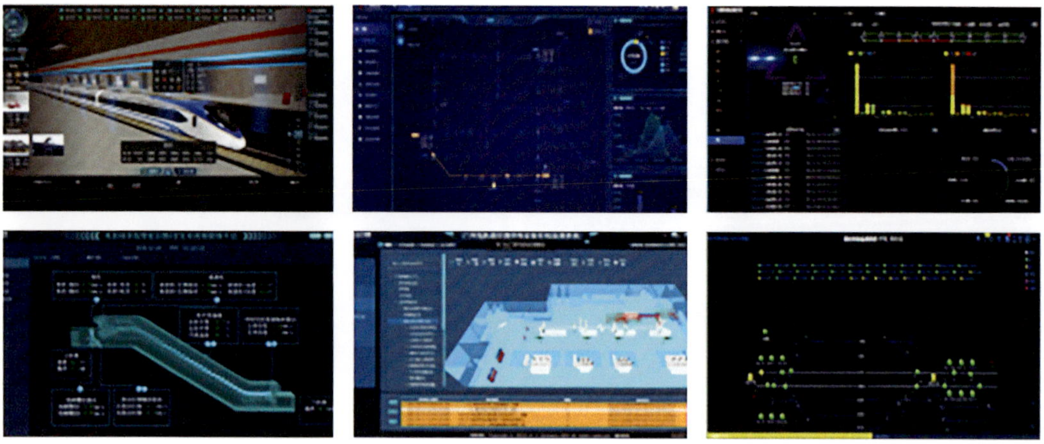

智能运维系统操作界面

线网客流的实时预测；通过列车及设备运行数据的融合，实现行车组织的全貌监视与异常状态预警；支持运能的精准投放、行车客运的自适应联动。

（3）体系迭代的智能运维。智慧车站管理系统联合生态合作伙伴，实现多个专业系统的状态监测、故障预警，为维修策略的制订提供了辅助决策。

弓网状态监测装置

2. 列车检修智能运维平台

两线列车搭建列车检修智能运维平台，实现列车智能全面感知和在途监测，实时评估和反馈列车整体的安全和运行品质。

（1）弓网状态监测：实时监测弓网工作状态。

（2）走行部监测：监测钢轨波浪形磨耗；轮对擦伤、内部缺陷/轴承擦伤、剥离、电蚀、裂纹；齿轮磨损、断齿、裂纹。

（3）车载蓄电池状态监测：监测蓄电池内阻、温度、电压及电流等波形的变化趋势。

（4）无触点逻辑控制系统（LCU）：替代车辆电气控制系统中继电器等触点部件。

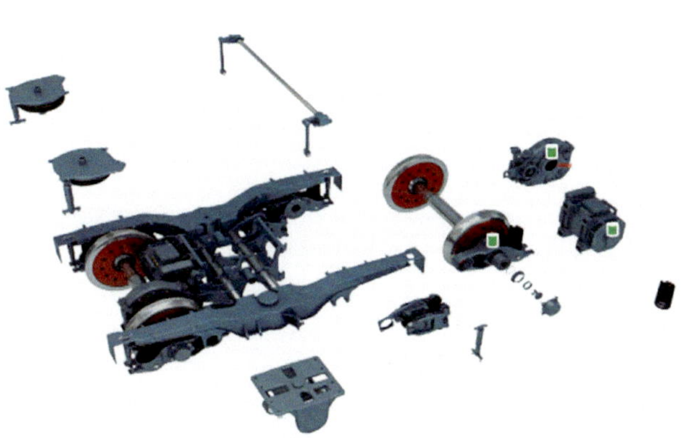

走行部监测装置

车载蓄电池状态监测装置

无触点逻辑控制系统

3. 轨道智能运维系统

轨道智能运维系统助力安全、智慧轨道

轨道智能运维系统包含道岔伤损监测系统、道岔尖轨位移监测系统、车挡监测系统、断轨监测系统及钢弹簧浮置板实时监测系统等，结合车载轨道巡检及轨道几何尺寸检测系统的应用，可基本实现轨道日常巡检功能。

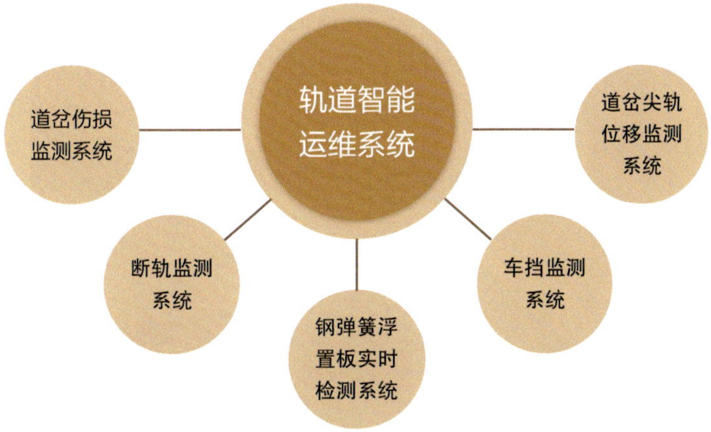

轨道智能运维系统功能

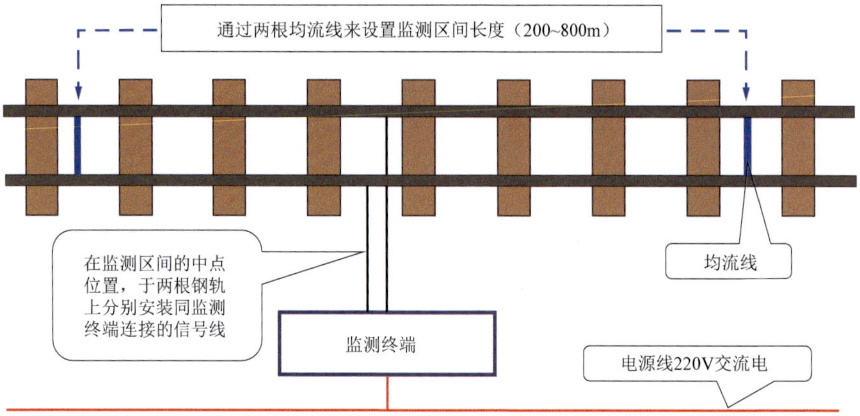

正线钢轨断裂实时监测

钢弹簧浮置板隔振器的状态、安全性、平稳性及减振性实时监测

道岔钢轨裂纹、断轨及尖轨位移实时监测

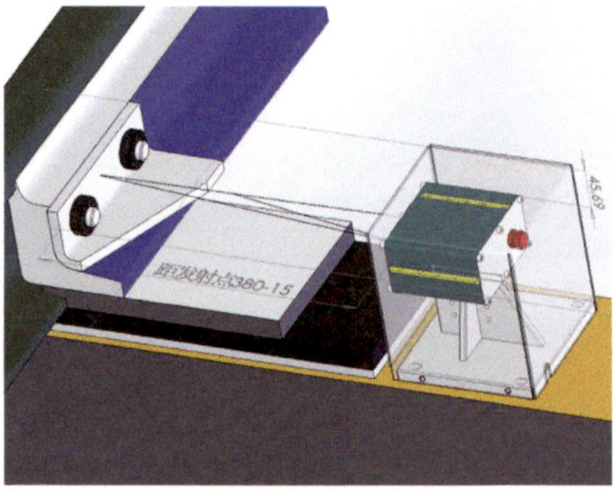

道岔尖轨位移实时监测

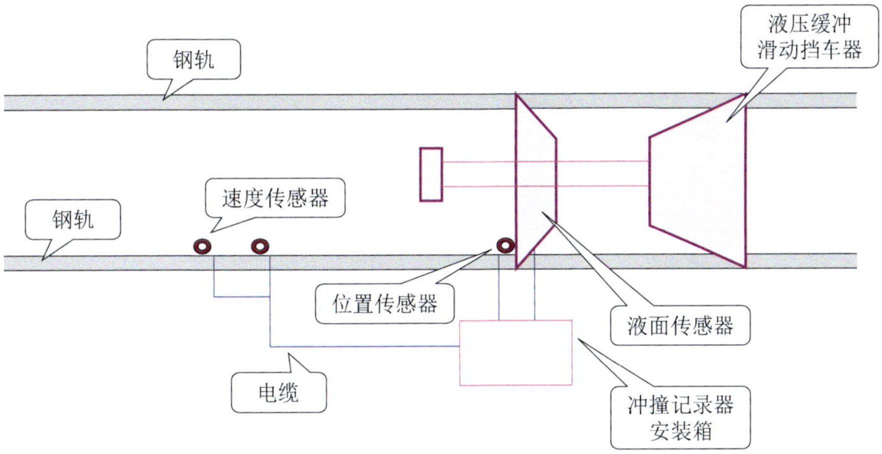

线路末端车挡被列车撞击实时监测

4. 电力智能运维系统

电力智能运维系统构建了基于《变电站通信网络和系统》（IEC—61850）标准的GOOSE（面向通用对象的变电站事件通信模型技术）网络保护系统，提升了系统保护的可靠性、选择性，构建了供变电设备、弓网系统等主要设施的在线监测与评估系统，基本实现了供电系统的智能化。

电力智能运维系统总体架构

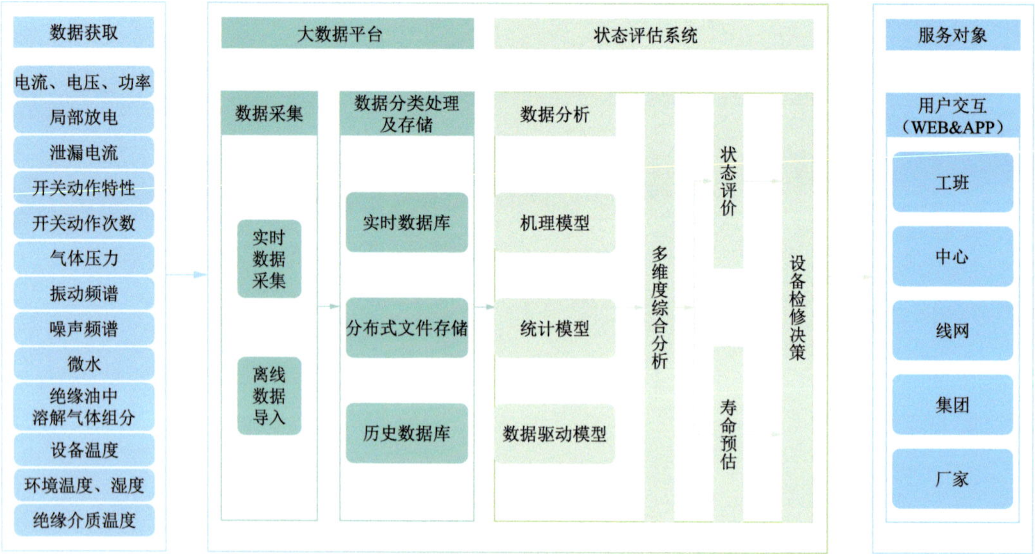

电力智能运维系统技术路线

5. 低压在线监测系统

低压在线监测系统实时采集设备运行的各种信号和参数，并对设备的状态加以记录，为设备的故障分析、性能评估及合理使用提供基础信息。系统可实现以下功能：

（1）寿命预测。对已识别的故障进行预测，指出故障的发展趋势及其后果，估算设备的剩余寿命，确定检修周期，提出控制故障发展和消除故障的维修策略。

（2）故障识别。根据状态监测获得的信息，对异常状态做出报警，并对故障类型进行初步分析，以便运营人员及时了解设备的工作情况。

（3）诊断推理。根据各种检测方法得出的初步结论，结合具体设备的结构特点，综合考虑设备的运行历史和各种环境因素的影响，对设备发生的故障进行分析，确定故障的性质、程度以及部位，推测诱发故障的直接原因。

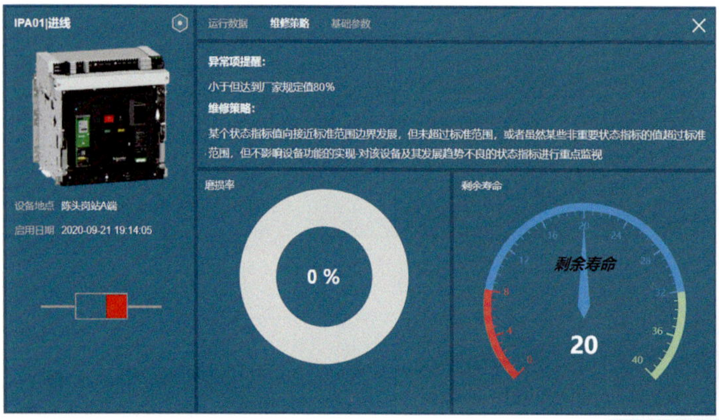

设备维修策略、寿命预测界面

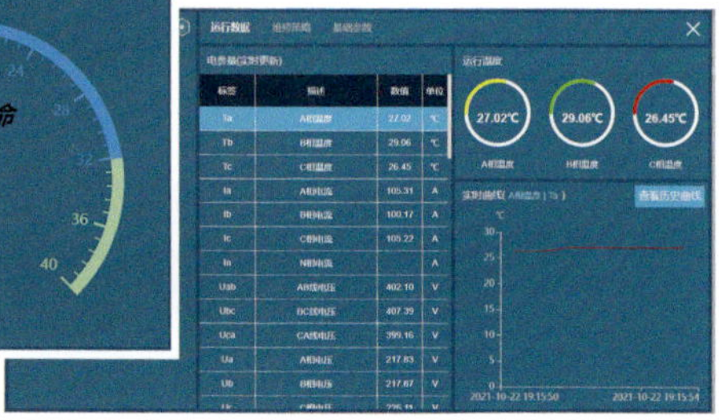

设备实时状态界面

6. 电扶梯智能运维系统

本工程在国内首创建立了一套“基于云平台的线网级电扶梯智能运维与全生命周期管理平台”。在面向设备层面，建立了一套组网清晰、监测内容丰富、系统功能完备的电扶梯智能运维系统。监测内容涵盖了自动扶梯主机、主轴、梯级链张紧轮轴承座振动、扶手带温度、主机地脚螺栓松动、梯级链伸长、机房噪声、油泵油温、机房温度等，同时也涵盖了电梯、自动人行道关键零部件的运行状态信息。在组网层面，构建了设备级、车站级、线路级与线网级四级的组网方案。该系统与BAS（环境与设备监控系统）、云平台专业之间建立接口，电扶梯状态监测数据通过BAS与综合监控专业的数据传输通道上传至云平台进行综合诊断、分析（线网级）。

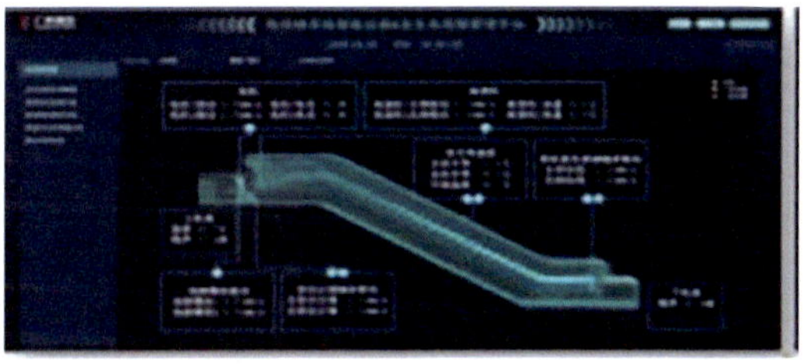

设备级

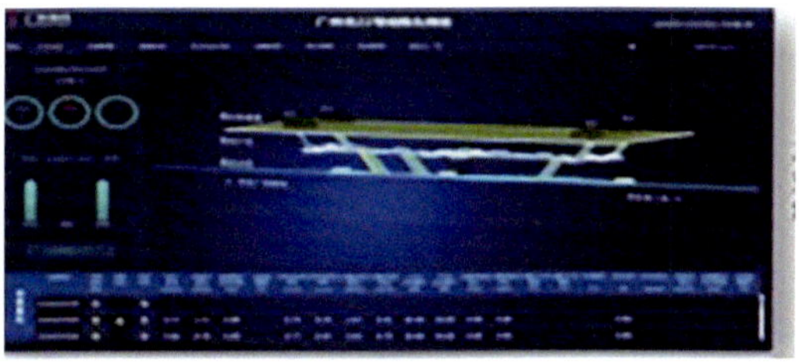

车站级

线路级

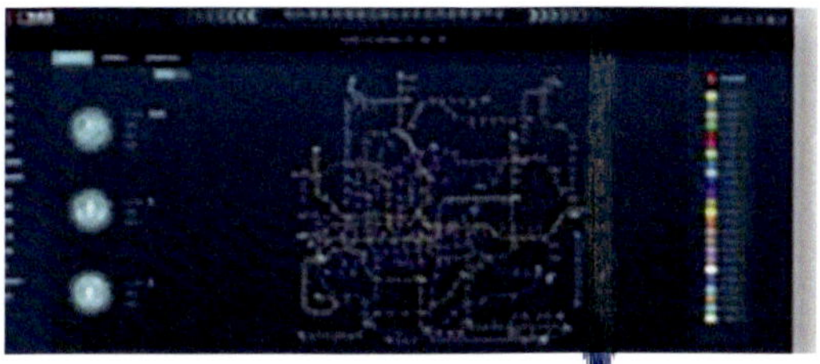

线网级

电扶梯智能运维系统

电扶梯智能运维与全生命周期管理平台具备多层次、多时空、多级别聚类分析功能，使聚类分析数据样本更加丰富，能够共享不同厂家各零部件的运行状态及预警历史记录，更加科学地建立关键零部件故障趋势分析、寿命预测、设备维保的健康管理体系。

7. 环控设备智能运维

冷水机组、冷却塔及空调机组智能运维

每台冷水机组均设置了冷凝器在线清洗装置，保证冷水机组冷凝器的换热性能维持在额定性能的95%以上，并通过监控采集设备运行状态数据，对传动设备的皮带进行维护。

智能运维使设备从故障修到状态修，最终实现设备系统的安全、智能、高效运行。

风机在线自动诊断装置

风机在线自动诊断装置可实时监控风机的运行工况、设备运行隐患，具有自动巡检、维修保养提醒、阈值报警、故障预警及故障原因分析等功能，通过实时监控风机运行功效，提高了风机的运行效率。

冷凝器在线清洗装置

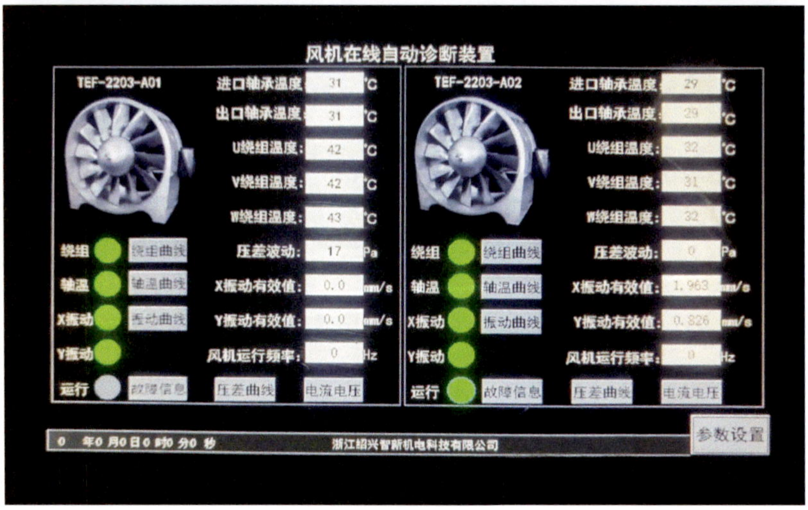

风机在线自动诊断装置

8. 综合监控系统

线网、线路融合的大规模综合业务生产云平台

为提高硬件资源的利用率及资源调度的灵活性、促进系统融合共建及数据开放共享、加强专业运维及节省运维成本，本工程设置了综合业务生产云平台。

综合业务生产云平台为10条线路的各业务系统提供计算、存储等基础设施服务资源，在万胜围、赤沙设置资源池，在镇龙控制中心、陇枕控制中心、大石控制中心及各车站段场设置云节点。

生产云平台机房

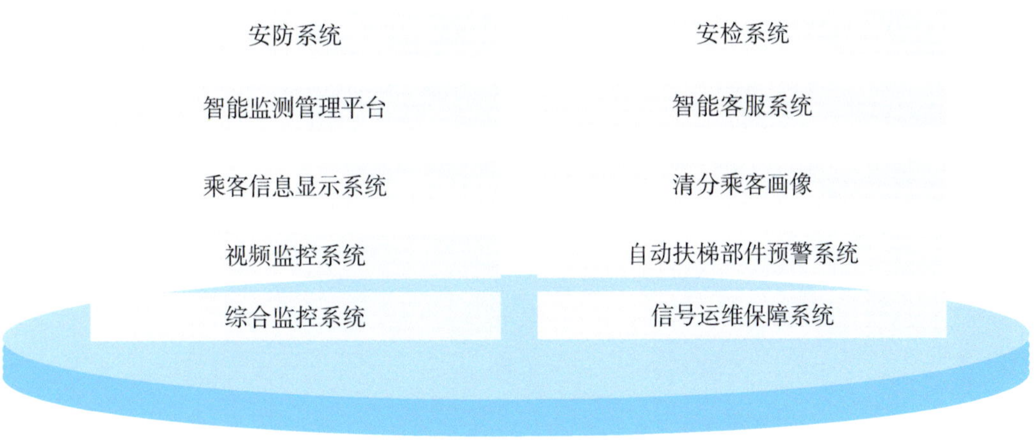

综合业务生产云平台系统

羊城新快线　提速大湾区

广州市轨道交通十八号线和二十二号线规划与设计

FOURTH 四

车辆基地运维

（一）线网资源共享

十八号线和二十二号线共设1段2场，分别为万顷沙车辆段、陈头岗停车场和陇枕停车场。

万顷沙车辆段为全国首座160km/h市域D型车大架修车辆基地，承担十八号线和二十二号线及其远期延伸线的车辆大架修任务，并配置了线网焊轨基地、线网轮对大架修基地、线网钢轨打磨车等其他设施。

线网规划与段场布置

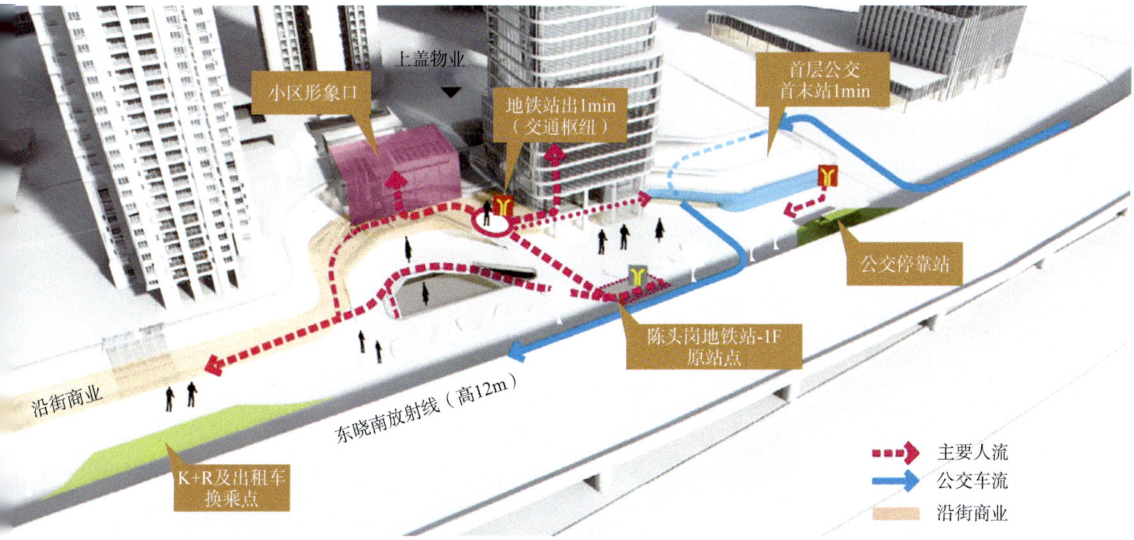

陈头岗停车场站段城一体化开发

陇枕停车场综合开发概念

（二）站段城一体化

陈头岗停车场利用盖板再造一片城市空间，释放土地价值，形成多种业态复合的场站综合体，实现站段城一体化。出入线采用灯泡线形式接轨，既实现了陈头岗停车场平行正线贴临地铁站布置的物业开发最佳站段关系，又巧妙地避让了东新高速和500kV的楚庭主变电站。打造广州首个综合楼与物业开发无缝接驳的TOD（交通引导开发）场站综合体工程，同时实现车站及市政交通的无缝接驳。

（三）品质段场

1. 新技术和新材料

（1）首次采用对标机场标准的新型Y形围蔽。

（2）首次设置综合管线梁，提高综合支吊架的安装可靠性。

（3）首次设置检修马道，提升高大空间管线维修的便利性。

（4）万顷沙地表淤泥厚度达到20~30m，为控制车辆段沉降，段场底部设置超大规模架空板体系，车辆段整体采用灌注桩基础。

Y形围蔽

管线廊道

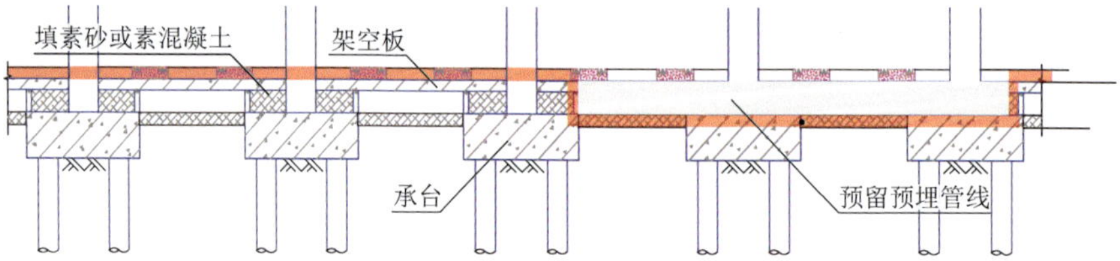

万顷沙车辆段架空板体系

2. 装配式建筑

陈头岗停车场咽喉区首次采用大跨度钢管混凝土柱+钢梁+叠合板组合的结构设计，优化了咽喉区列车司机视线，减弱了咽喉区结构柱网的密度。

陇枕停车场运用库首次采用预制拼装技术，施工阶段免支撑，建设工期较现浇盖板节省3个月时间。库区盖板采用装配式结构，并创新应用预埋套筒，用于机电及系统管线设备安装，避免后期现场打孔，加快安装进度。

传统方案司机视角

优化方案司机视角

运用库

预制拼装

（四）智慧段场

1. 车辆检修智能运维系统

十八号线和二十二号线段场落地了广州首个车辆检修智能运维系统。该系统主要组成部分包括车载在线监测系统、轨旁在线监测系统、辅助设备及系统、业务系统、分析系统。通过在线监测系统和地面数据处理中心，完成车辆的运行数据统计分析、故障预测诊断及健康管理，实现车辆的全生命周期健康管理和的状态修。

（1）车载在线监测系统包括网轨状态监测、走行部状态监测、车载蓄电池状态监测等。

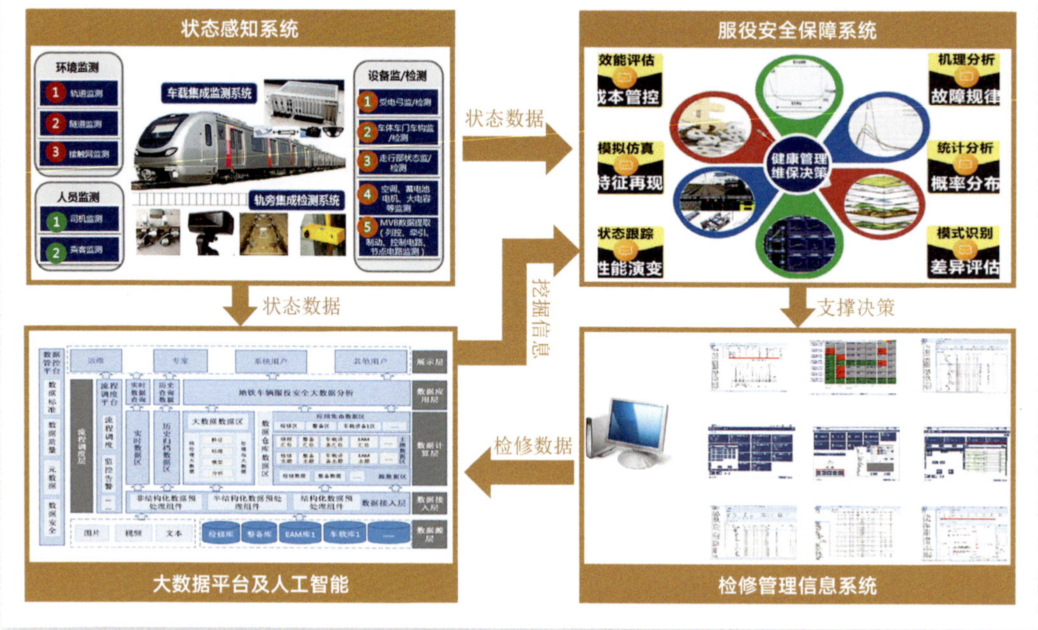

车辆检修智能运维系统架构图

车载在线监测系统

轨旁在线监测系统

（2）轨旁在线监测系统包括轮对探伤及尺寸监测、车底及两侧图像监测、运行品质监测等。

2. 智能大架修系统

万顷沙车辆段利用智能化检修流水线和智慧大修信息管理平台，提高生产过程自动化及信息化水平，提高生产效率及检修质量。

检修库设置有轮对、空调、车钩等智能检修流水线，实现车辆部件拆修、装配、物料传送、过程检测自动化。

检修线内各设备将自身运行的相关状态信息、报警信息、故障信息、能耗信息等实时监测数据上传至智慧大修信息管理平台，实现检修工艺管理、过程管理、设备管理、人员管理、设备数据管理、电子履历管理、可视化管理等功能。

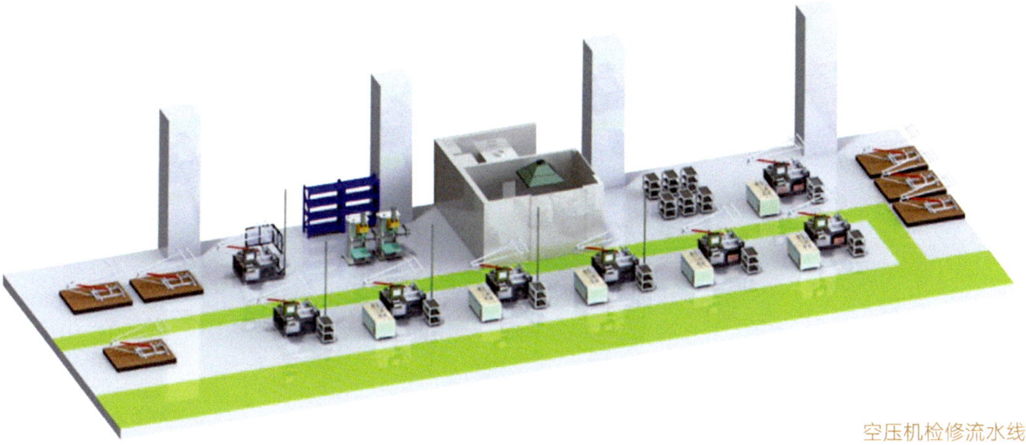

空压机检修流水线

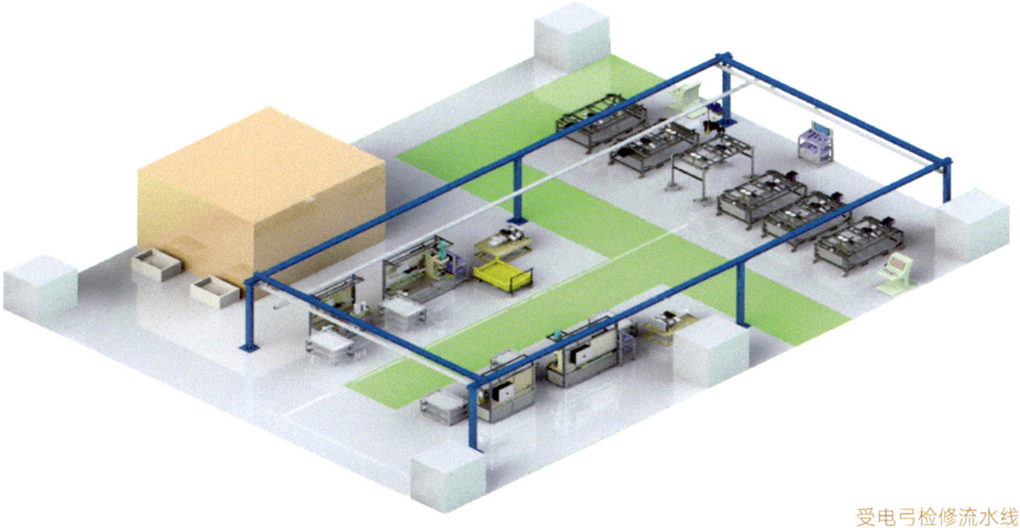

受电弓检修流水线

3. 自动化段场

十八号线和二十二号线段场为广州首次按自动化段场预留建设的车辆基地

（1）股道按自动驾驶区和人工驾驶区进行分区布置。

（2）股道长度满足自动驾驶信号要求。

（3）运用库内设置地下检修通道。

实现无人值守洗车

为改善员工办公环境，三个段场均采用无人值守洗车机，通过DCC（车辆段调度中心）来控制列车清洗机，实现减员增效。

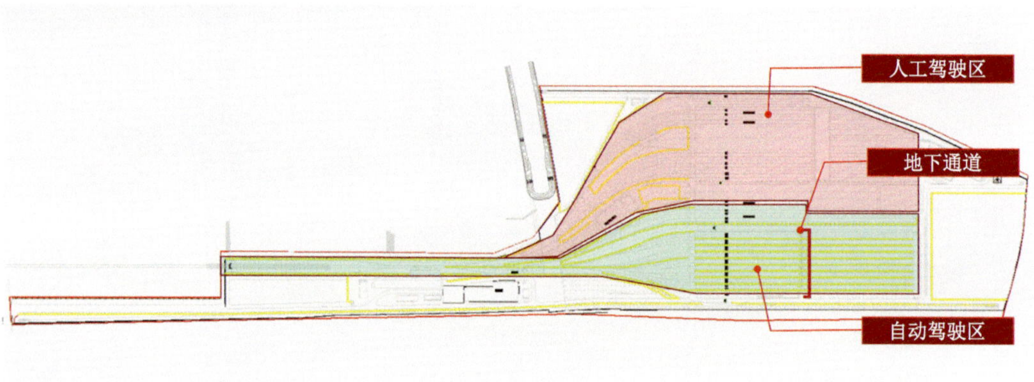

自动化段场

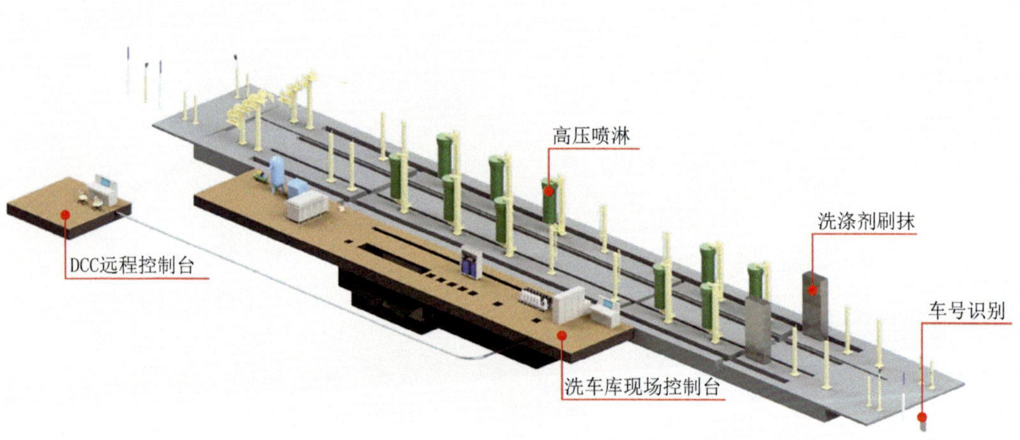

无人值守洗车机

4. 智能机电系统

万顷沙联合检修库北侧净空超过12m空间，设置大空间智能型主动喷水灭火系统

(1) 火焰传感器：运用红紫外(或双波段)复合火灾探测技术，实现明火早期探测，具备自动寻找火源、自动灭火、灭火后自动停止等功能。

(2) 智能照明系统：盖下库区、咽喉区等区域均采用智能照明系统，实现故障报

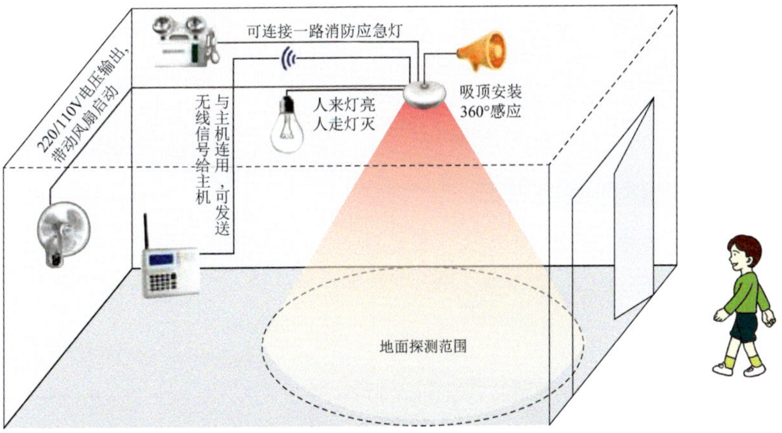

大空间智能型主动
喷水灭火系统

警、运维记录、能耗管理等功能。

（3）低压柜在线监测系统：在低压柜中搭建以在线监测系统、状态评估系统为主的系统框架，实现对低压柜断路器的自动巡检、自动预警、自动输出报表等功能。

基于物联网的全新智能照明系统

十八号线陇枕停车场采用了基于无线通信、存在传感、边缘计算、云平台和可视化技术的物联网智能照明系统，对照明进行深化设计和控制。具有以下功能：

（1）单灯控制和调光。

（2）微波存在探测。

（3）状态监测和趋势判断。

（4）精细能源管理。

（5）智能运维。

（6）全生命周期管理。

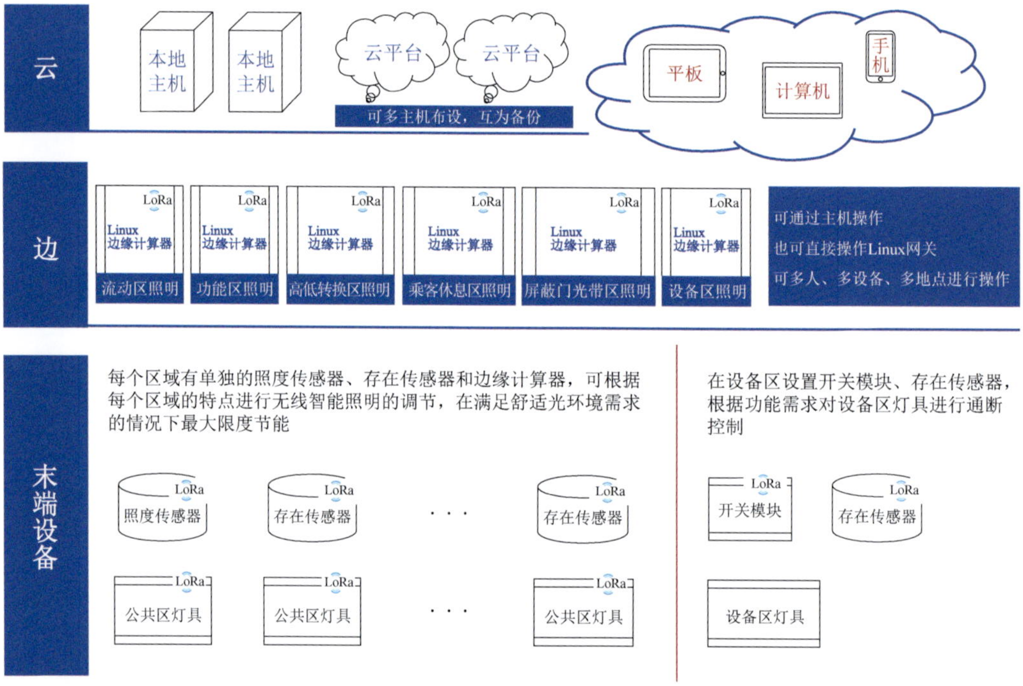

智能照明系统云计算架构图

控制大厅分区域精细化控制

库房照明结合检修计划自动运行

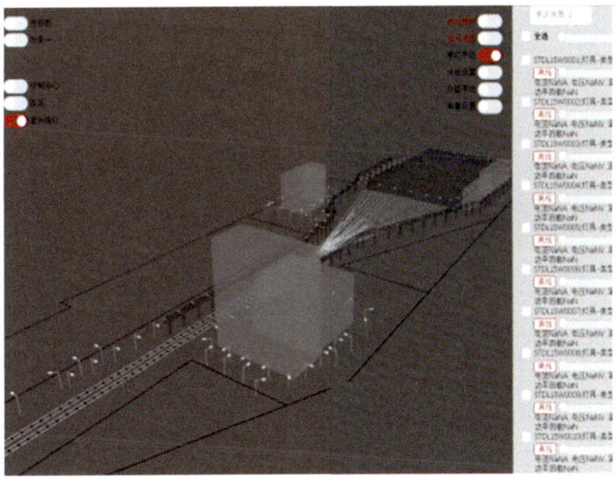

移动终端三维控制界面

路灯结合室外照度自动开关

（五）绿色段场

1. 节能环保

（1）雨水回用系统：雨水经处理后作为室外冲洗及绿地灌溉水源，同时可作为汽车冲洗水源。

（2）餐厅中庭自然采光：为解决二楼餐厅进深较深的问题，餐厅设置采光中庭，营造良好的用餐环境。

（3）绿化材料节能环保：外墙采用水泥纤维板+双层中空Low-E玻璃，经济环保节能又兼顾通透视线。

（4）陇枕停车场首次在综合楼屋顶设置太阳能光伏发电系统。

雨水回用

餐厅中庭

太阳能光伏发电

2. 海绵城市设计与环境景观

三座段场首次采用一种新型结合盖板的雨水调蓄系统

上盖盖板采用开敞式蓄水屋顶，并设置雨水调蓄设施，实际调蓄容积约为20000m^3，可有效节省大量的白地面积。

充分利用空间，提升环境品质

段场融入城市轨道交通文化，打造严谨开放的交流活动环境，除地表绿化小道及休闲环境绿化打造外，对屋顶花园进行空间划分，利用好每一个区域，打造一个可玩、可用、可停留的交流活动场所。植物配置以乡土树种为主，种植不同花色的花灌木进行搭配，用草本类花卉加以点缀，达到四季常绿、三季有花的绿化效果。

屋顶空间划分

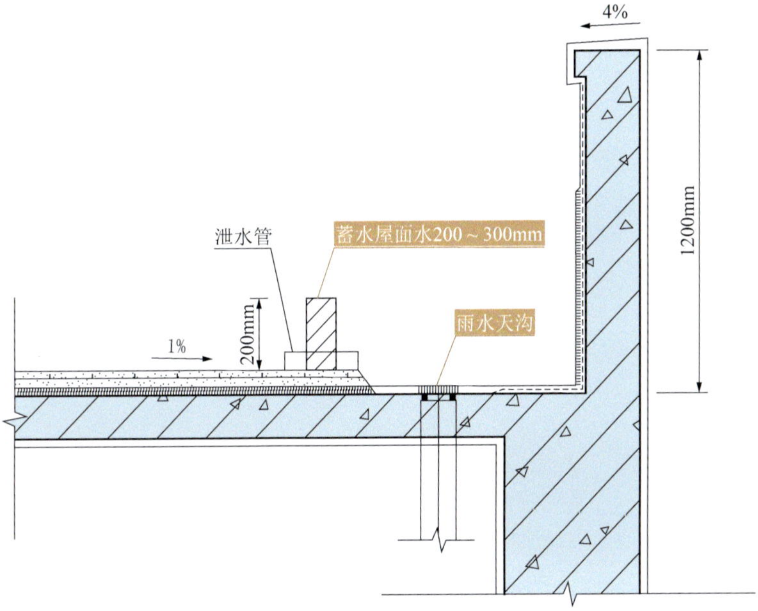

盖板调蓄雨水沟大样图

羊城新快线　提速大湾区

广州市轨道交通十八号线和二十二号线规划与设计

FIFTH 五

BIM及数字化

（一）BIM设计管理

十八号线和二十二号线作为广州地铁首批全线范围进行BIM实施的项目，实施管理面临着诸多空白。项目伊始，总体组下发了“BIM总体技术要求”，对全线的组织架构、工作范围、工作内容、协同平台、BIM标准、工作流程等环节进行了全面的技术要求；同时，对于模型的总体审核，制定了“广州市轨道交通十八号线、二十二号线基于BIM的会签规定”，拟定了设计模型自检报告模板，使BIM模型的会签流程规范化，将标准执行度、图模一致性、模型零碰撞等实施目标作为审核重点。

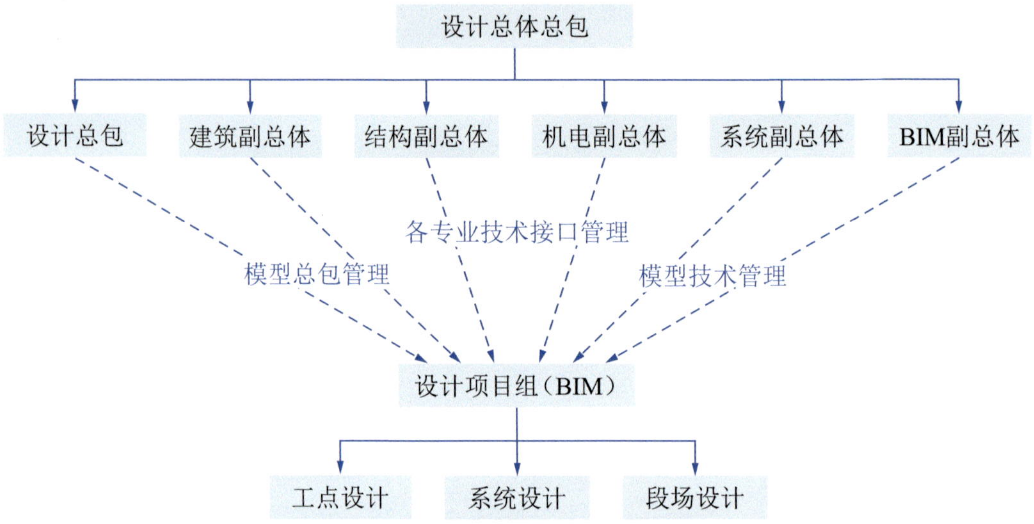

组织架构

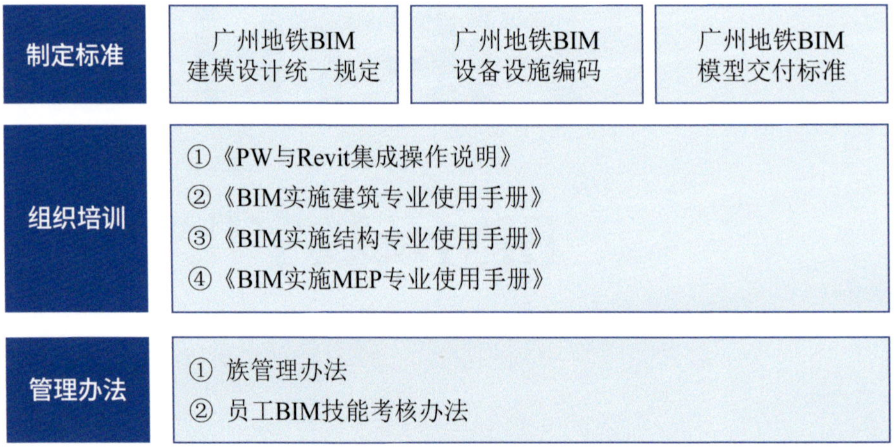

标准、培训及管理办法

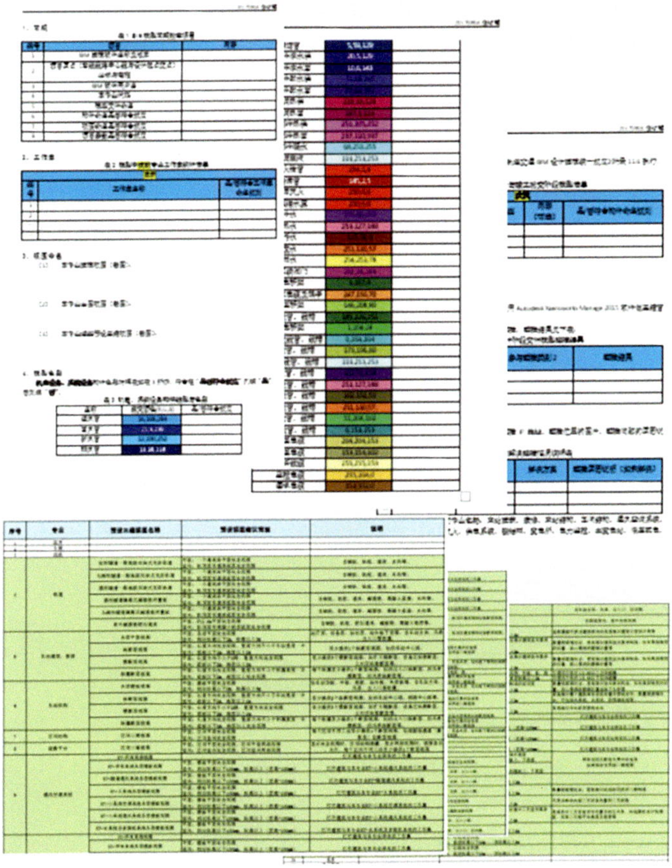

BIM模型自检报告

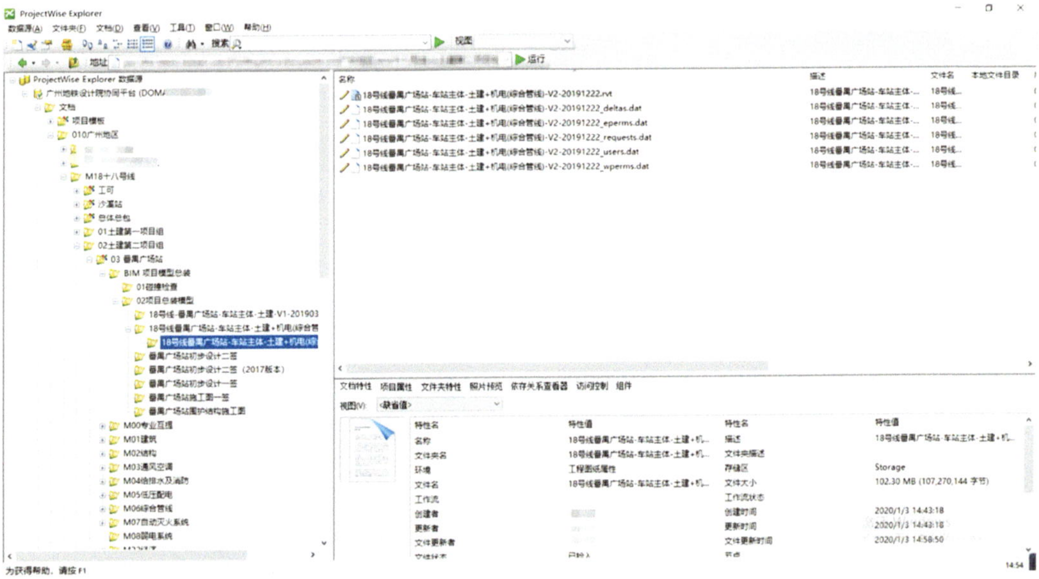

基于PW的协同设计

（二）设计全过程建模

1. 设计范围

（1）设计实施范围：车站围护结构、主体结构、附属结构、区间、系统、枢纽综合体同步实施工程等。

（2）设计实施专业：广东省标准《城市轨道交通建筑信息模型（BIM）建模与交付标准》（DBJ/T 15-160-2019）施工图阶段涉及的专业。

（3）前期基础模型：地面倾斜摄影模型、建（构）筑物模型（地上及地下）、交通疏解模型、管线迁改模型、地质模型。

前期基础模型

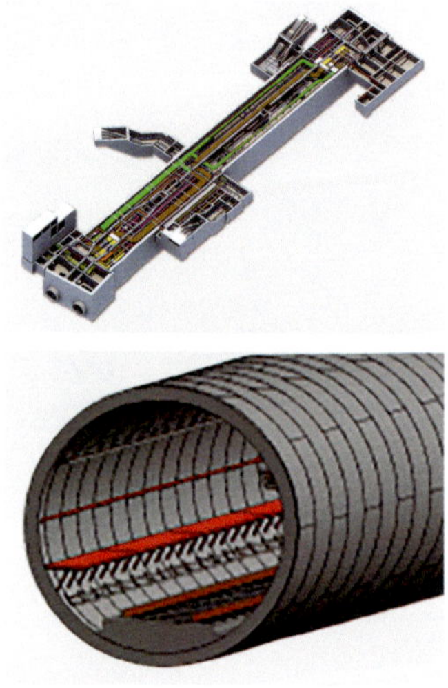

土建模型

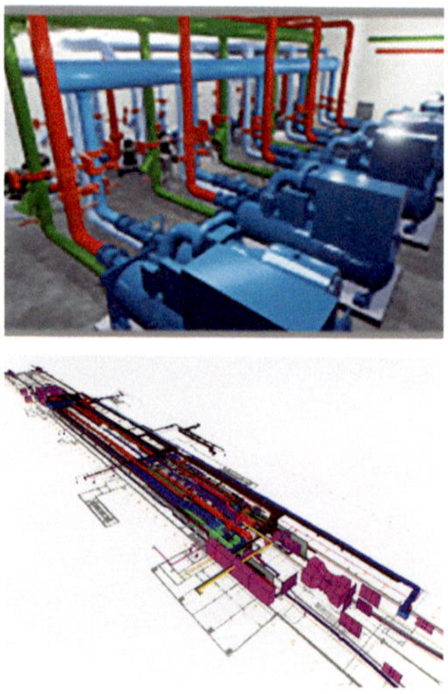

机电模型

装修模型

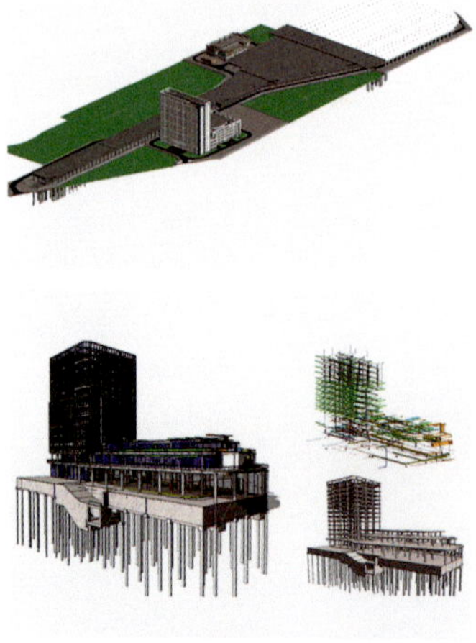

场段模型

汇总模型

（4）土建模型：车站建筑模型、车站结构模型、区间结构模型、轨道模型等。

（5）机电模型：三维管线综合模型包括给排水模型、电气BIM模型、暖通BIM模型、系统模型（信号、安检、供电模型等）。

（6）装修模型：车站天花板、地面、侧墙等装修模型。

（7）场段模型：综合楼、控制中心、盖板、运用库、检修库、主变电站、小库房、站场路基等模型。

（8）汇总模型：将前期基础模型、土建模型、管线模型、装修模型等汇总在GIS（地理信息系统）平台上进行模型展示。

2. 站内建筑布局

（1）建筑方案推敲。

（2）空间合理利用。

（3）乘客流线组织。

（4）丰富建筑信息表达。

（5）提高人性空间舒适度。

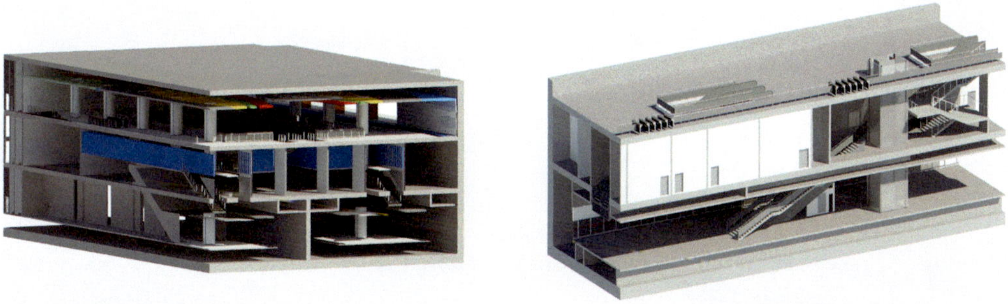

车站纵剖面图

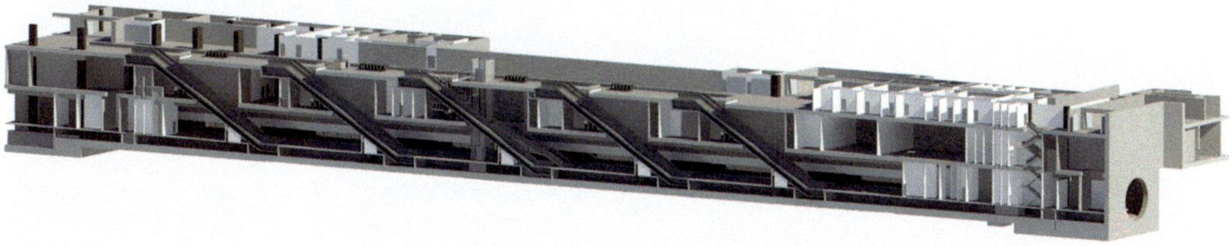

车站三维模型纵剖面透视图

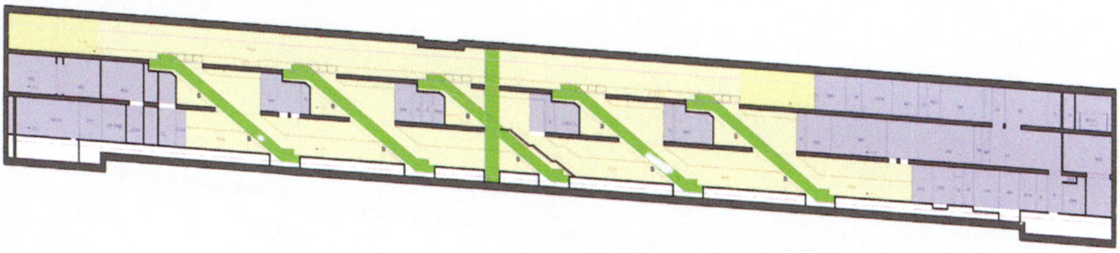

车站局部空间方案推敲

3. 站外景观设计

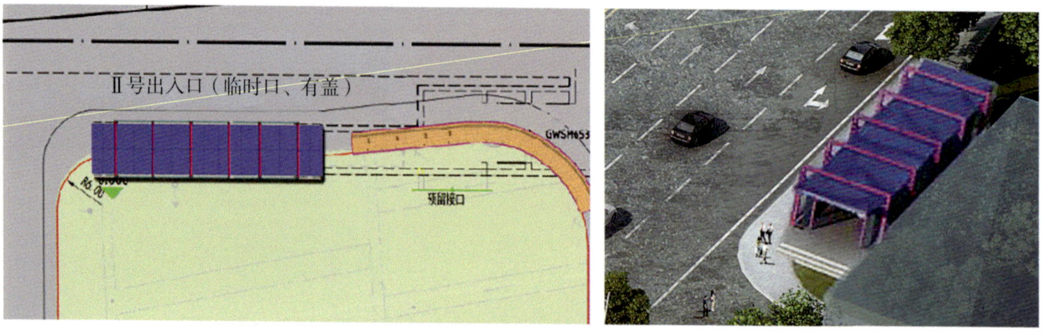

车站Ⅱ号出入口效果图

车站Ⅴ号出入口效果图

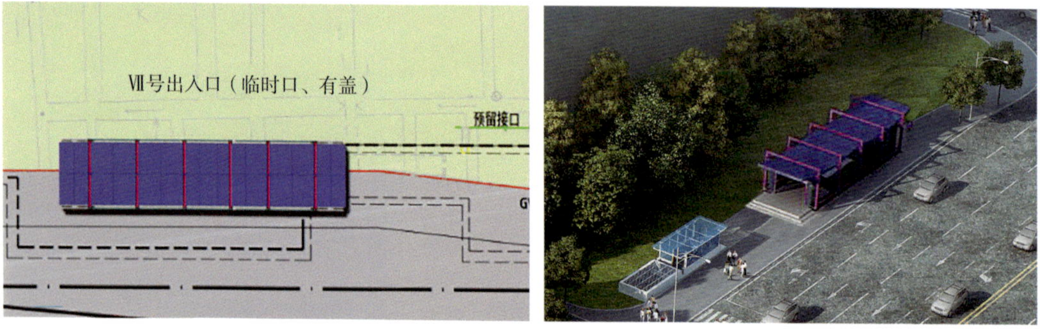

车站Ⅶ号出入口效果图

车站安全出入口效果图

4. 装修方案优化

高仿真度的可视化场景可以进行现场效果和设计效果的比对指导，辅助建设阶段质量管理，力求“设计一施工所见即所得”，确保建造品质和效果。从设计到施工阶段的BIM信息数据化管理，可为后期的智慧运维提供信息数据支撑，并可确保与现实物理世界保持一致性的虚拟空间三维可视化场景，助力智慧物联、数字孪生，让工程数字化延续全生命周期，为项目创造更大的价值。

孪生式虚拟场景现实施工效果

流线型天花

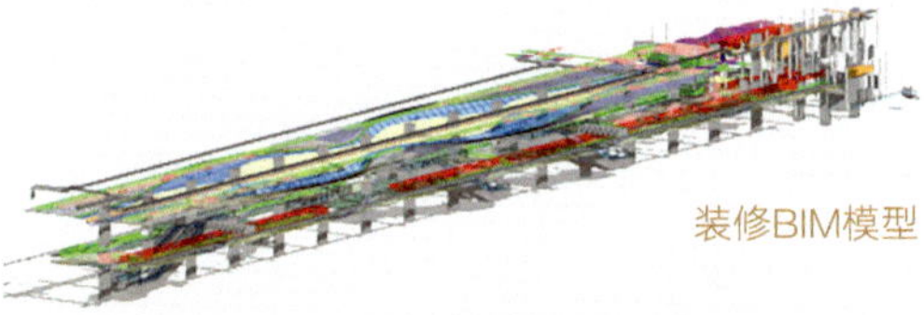

装修BIM模型

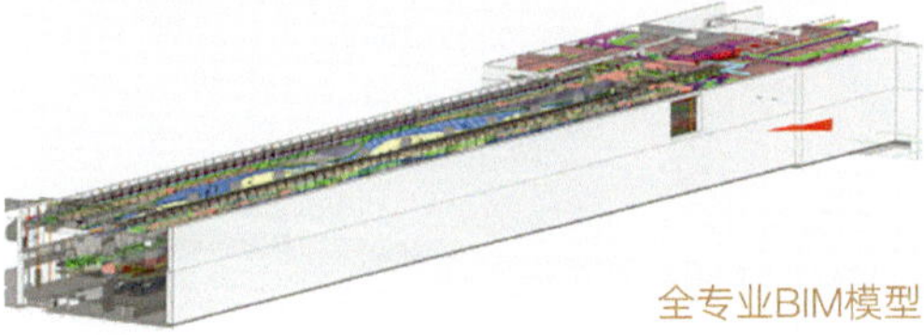

全专业BIM模型

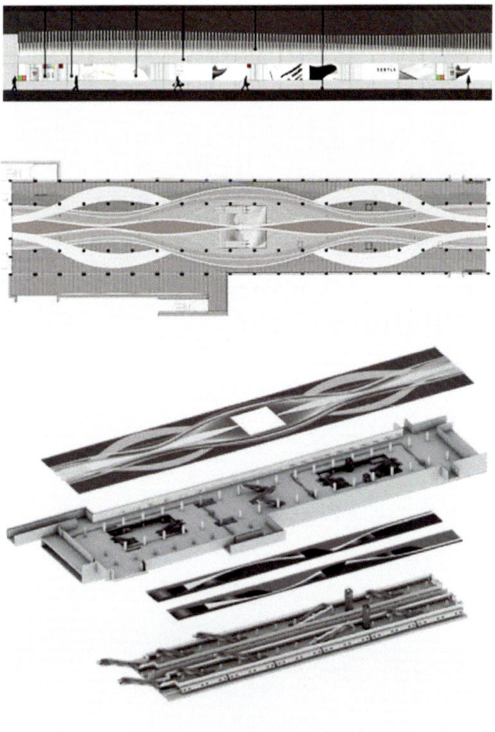

流线型天花BIM模型

5. VR虚拟体验

在设计阶段，BIM的数字化仿真与VR（虚拟现实）技术相结合，工程师以沉浸式的体验来进行建筑的规划和设计，给业主提供更加直观清晰的建筑模型。通过VR技术的极致可视化特点，将BIM模型的表皮渲染得更加逼真、具有美感，最大限度地减少修改、返工等工作，进而缩短设计时间、提高效率。

出入口

进站口

车控室

会议室

站长办公室

信号设备室

6. 三维管线综合模型应用

基于精细化BIM模型，工程师可进行管线综合与碰撞检查，及时发现管线与结构构件之间的碰撞、各专业的管线碰撞等问题，根据碰撞检查结果进行分析并生成协调数据，解决设计图纸中可能存在的“错漏碰缺”，优化设计图纸质量。同时，管线综合与碰撞检查通过对管线排布优化，编排管线施工顺序，可以让施工单位一目了然，优化施工过程，缩短施工工期，避免后期的设计变更及施工返工。

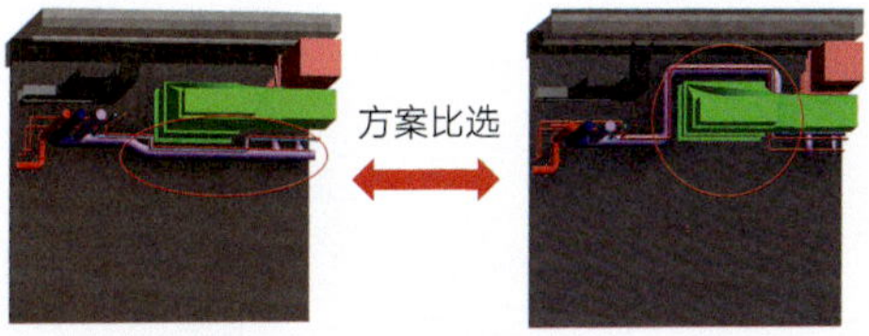

三维管线方案比选

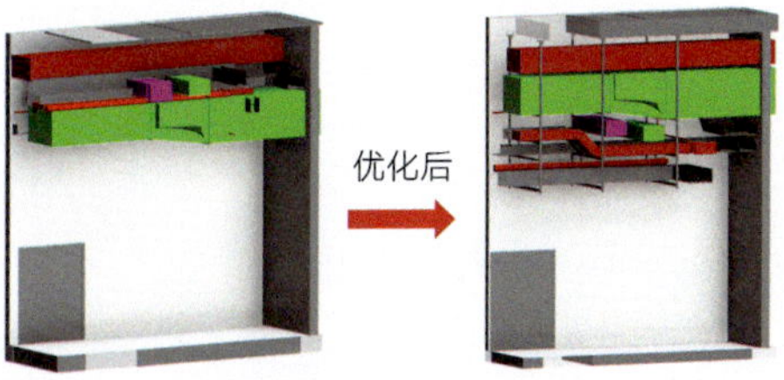

三维管线碰撞检查及优化

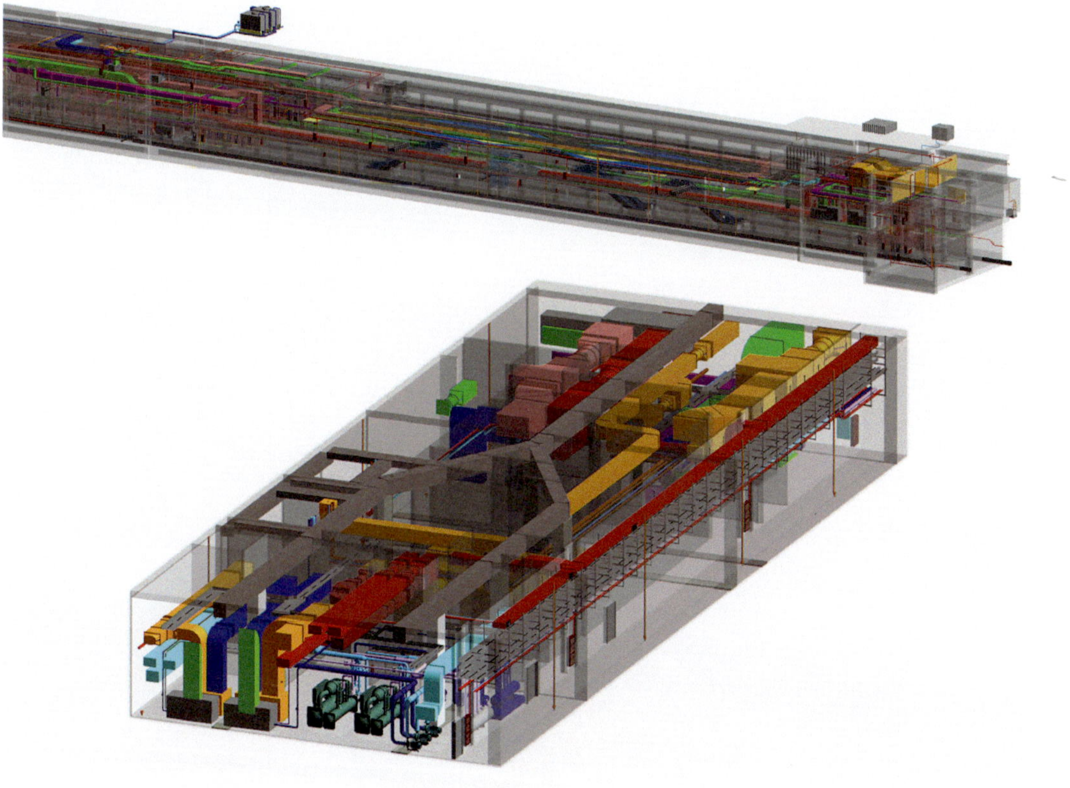

地铁车站设备区三维管线透视图

7. 区间三维设计模型应用

工程师利用BIM技术建立完整的区间三维可视化设计模型，涵盖结构、轨道、疏散平台、供电、低压、弱电、环控、给排水全专业。

三维设计模型能够快速对比和分析不同设计方案的优缺点，并通过重点部位的三维可视化汇报，提高方案决策效率。

业主和施工单位可利用模型进行三维设计交底和设计联络，提前掌握设计意图，减少设计变更的发生次数。

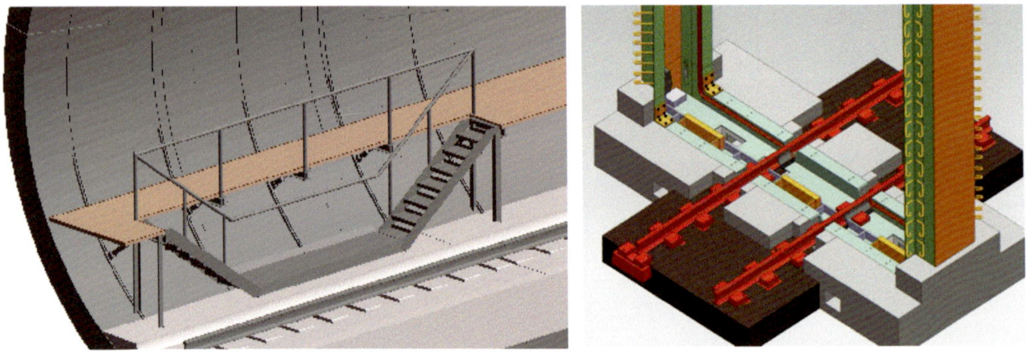

接口设计效果图

浮置板道床三维设计效果图

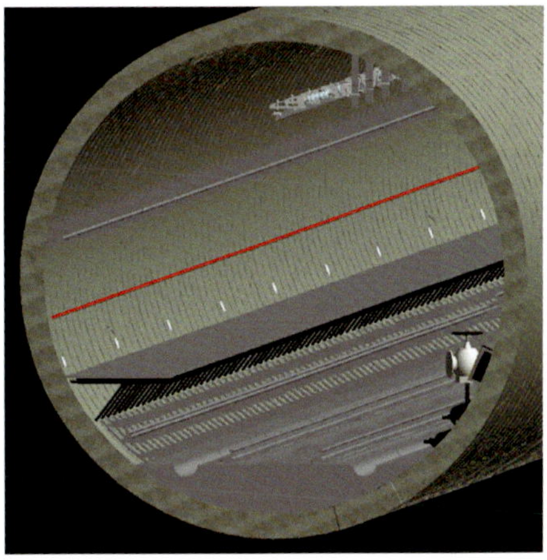

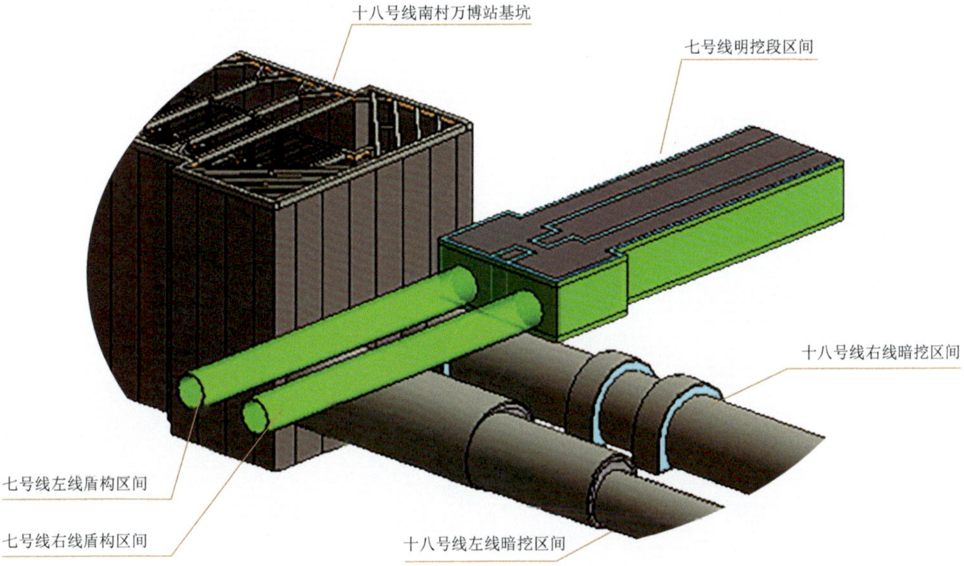

区间全专业效果图

8. 段场应用

段场开展BIM信息化创新应用，主要针对可视化设计、基于中心文件和统一平台的多专业协同设计、预制装配式的PC-BIM精细化设计、多专业及工艺设备精细化模拟效果等开展信息化创新实践，创新技术均具备行业领先水平，并在多个国际级、国家级行业BIM信息化科技大赛中收获嘉奖。

依托本项目的创新实践，针对段场项目体量庞大、专业繁多、系统复杂和相互制约等特点，广州地铁对段场BIM设计的统一规定、拆分办法、协同流程和各专业信息深度都进行了研究，实现单体建筑合模，形成符合当前现状的企业级指引性文件，并且在实际工作中开展创新研究，取得了很好的创新效果。

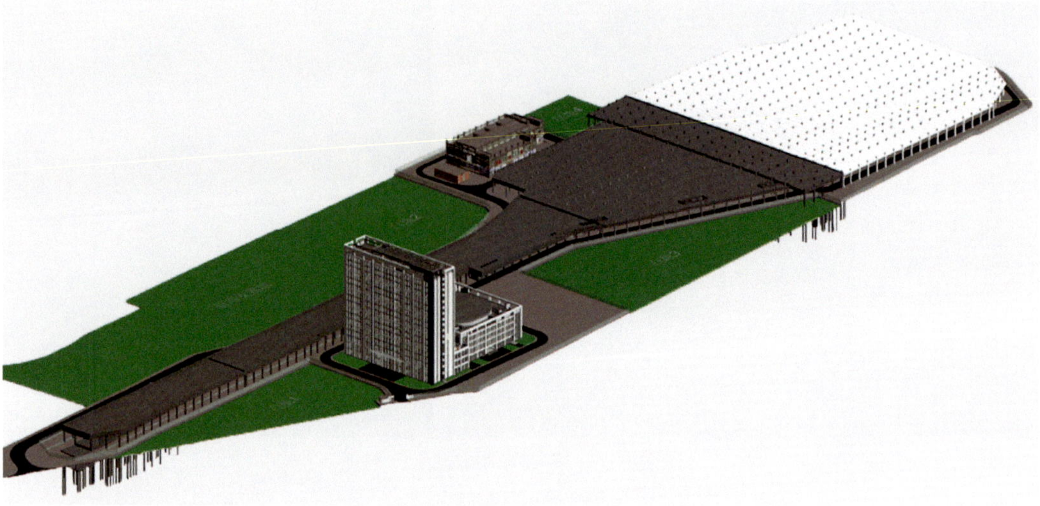

二十二号线陇枕车辆段全域全专业总装模型

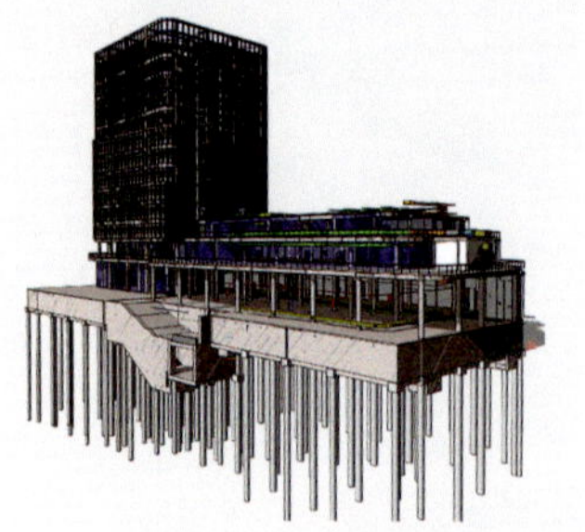

全专业总装模型

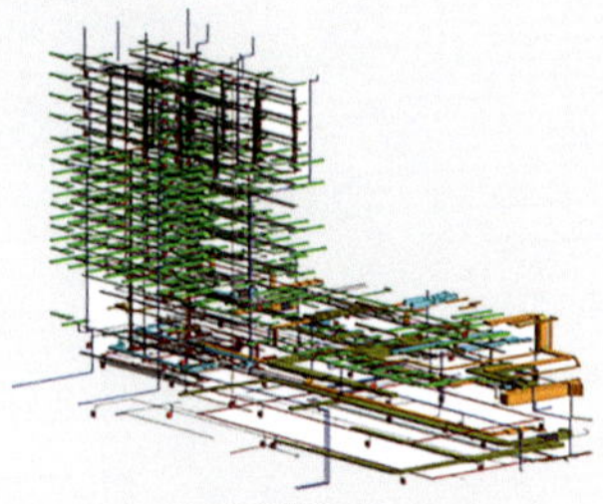

MEP模型

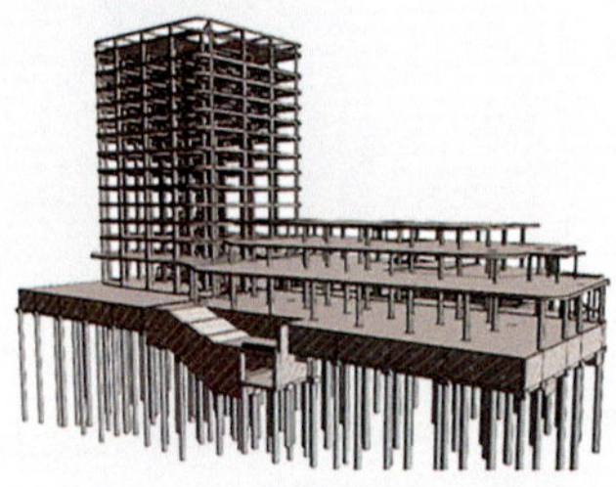

结构模型

（三）智能设计开发

1. 盾构区间全专业参数化建模插件

盾构管片通过软件自动计算拼装点位，参数化驱动盾构管片元件，一键实现管片拼装，生成盾构隧道三维精细化模型。

盾构区间的轨道、接触网、疏散平台、环网、低压配电、给排水、通信、信号等专业，可以基于线路数据，在管片拼装模型的基础上快速建立各自的专业模型，满足不同项目的应用需要。

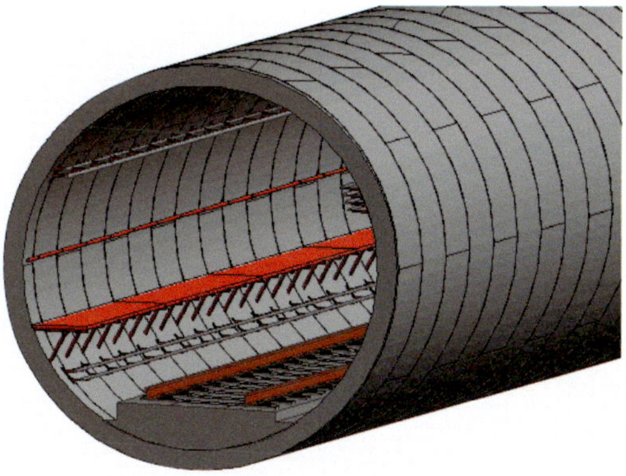

盾构区间全专业参数化建模成果

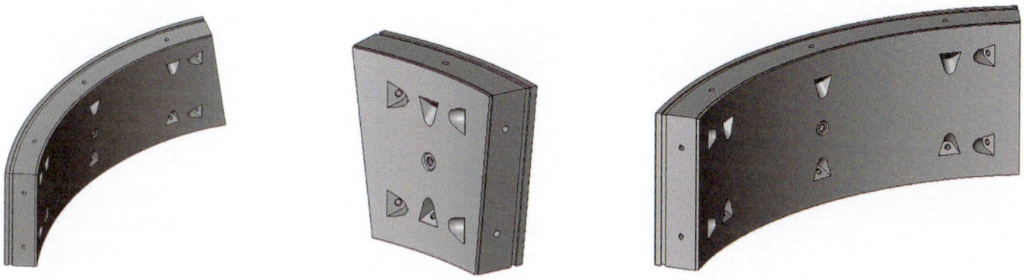

盾构管片（临接块、封顶块、标准块）

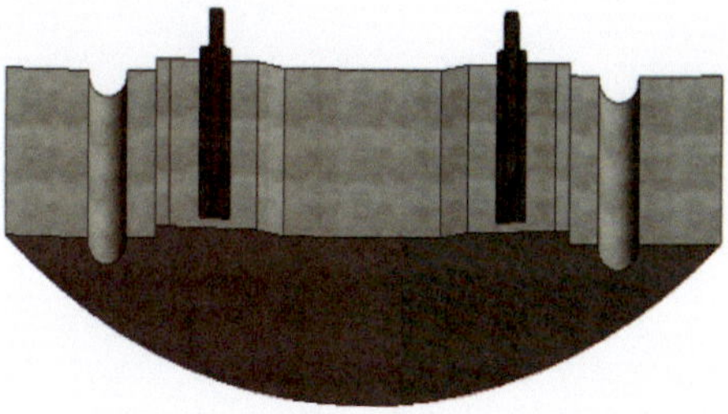

轨道模块

联络平台模块

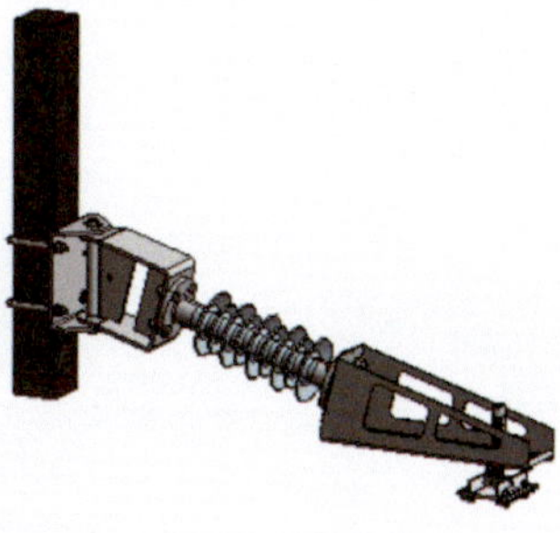

接触轨模块

消防管支架

2. 综合支吊架智能选型及建模插件

基于Revit进行二次开发，将支吊架外形尺寸、材料信息、支撑信息输入数据库，程序可根据管线的荷载、管线分层以及整体截面的宽度和高度进行设计计算，智能选择综合支吊架型号并进行建模，辅助人工选择支吊架类型，并快速标注及统计各类型工程量，也可对支吊架进行抗震计算并添加抗震组件，提高设计质量及效率。

建模成果及导出计算书

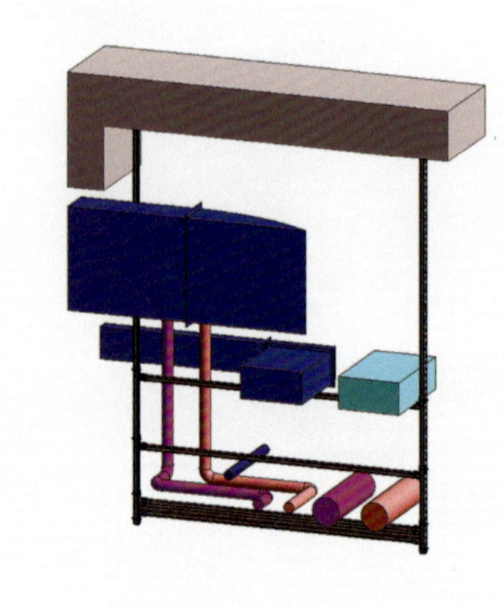

综合支吊架建模效果

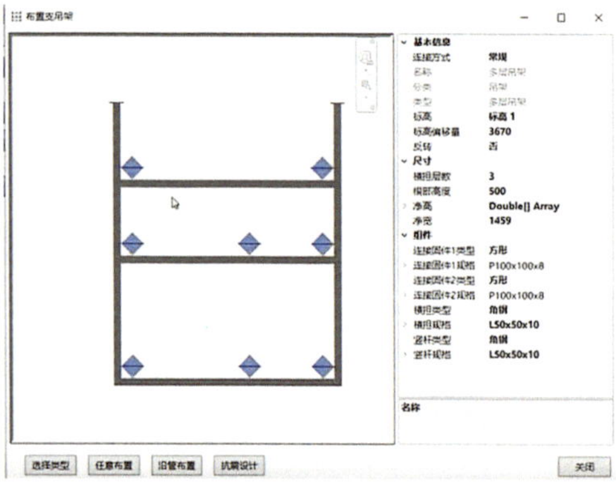

综合支吊架建模插件

插件操作界面

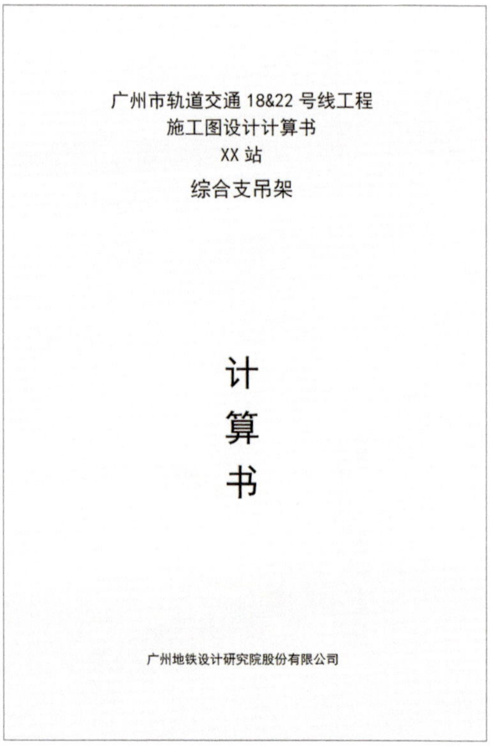

广州市轨道交通 18&22 号线工程
施工图设计计算书
XX 站
综合支吊架

计

算

书

广州地铁设计研究院股份有限公司

建模成果及导出计算书

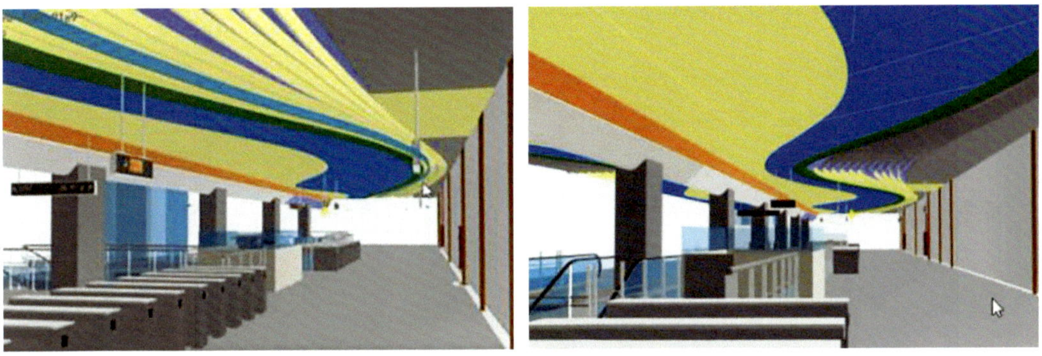

建筑装修BIM可视化模型质量校审

3. 基于OA（办公自动化）平台的三维校审系统

配合二次开发工具的模型质量自审功能、基于OA平台开发的可视化校审功能，打通设计师和项目管理审核人员在项目中的BIM协同，管理人员可以直接通过BIM技术进行项目管理，实现多方责任，共同保证模型的高精度、高品质，并对后期建设进行模拟和指导，确保BIM设计—施工所见即所得。

（四）施工阶段应用

1. 三维技术交底

通过建立与整合重要施工节点的三维大样，可以准确、直观地展示设计意图。图纸会审与技术交底过程中充分利用三维技术，对发现的问题提前解决规避，由此保证图纸质量，为施工图阶段的工作打下坚实的基础。

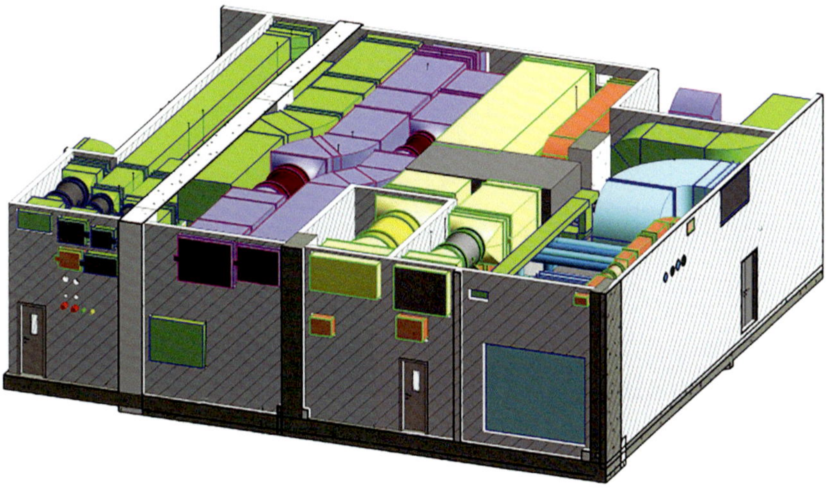

风机房优化排布模型

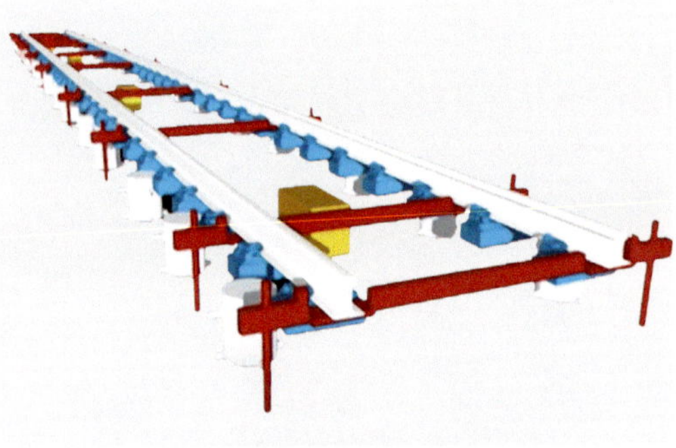

轨排拼装演示

管片钢筋模型

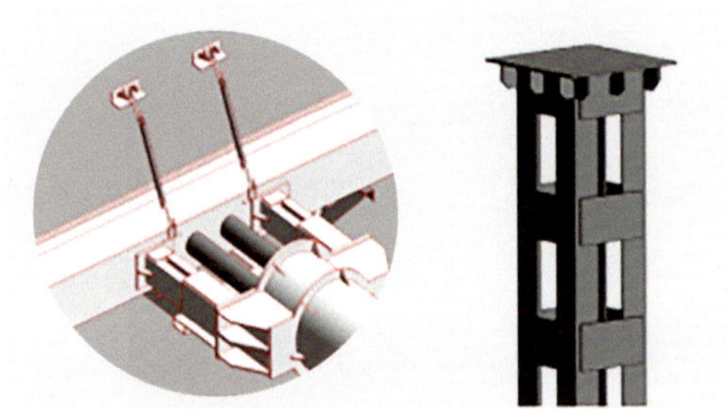

重要结构节点施工图模型

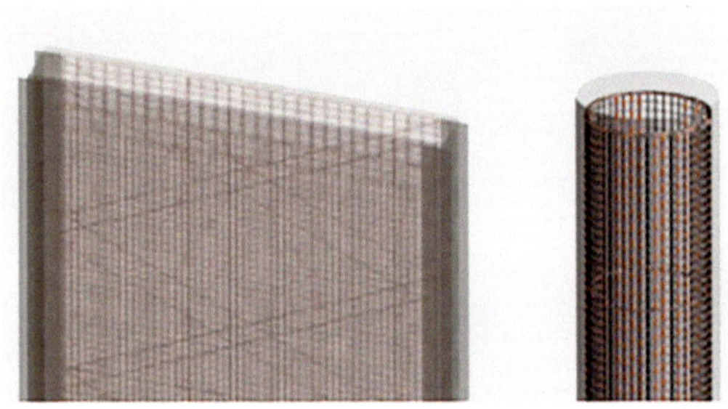

连续墙钢筋模型

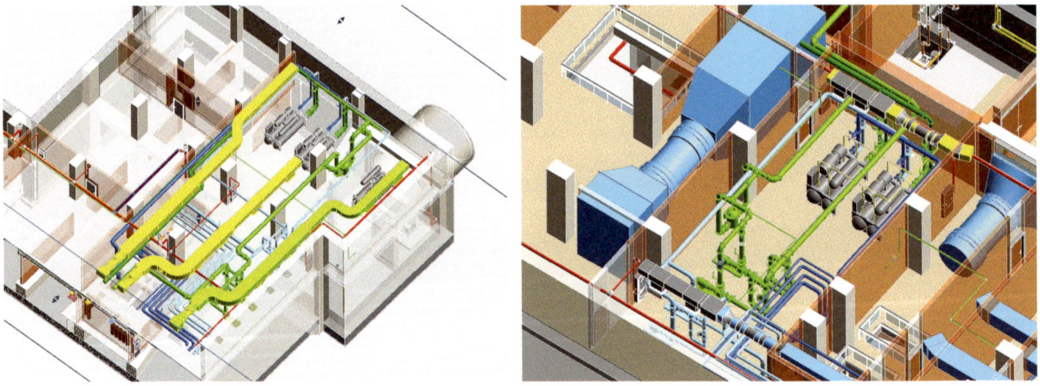

重要机电布置施工图模型

2. BIM与装配式

（1）二十二号线陈头岗停车场进行预制装配式建筑BIM应用的创新探索，通过构件级的精细化BIM设计模型，指导现场施工，实现全专业管线综合、管线分离、构件设计、节点设计、孔洞预留和工艺工序设计模拟等PC-BIM创新应用，提供传统设计难以做到的创新设计方式，实现高效率、高精度的设计目标。

精细化的BIM构件数据和整体拼装BIM模型，可以直接指导厂家进行工厂预制、构件运输模拟、物料场布模拟和拼装施工模拟，极大缩短现场施工周期，减少施工湿作业污染，达到绿色环保的目标。

预制装配式段场库房模型

预制装配式段场库房施工现场

预制装配式段场库房工艺精细化节点模型

（2）冷水机房进行装配式BIM应用的创新探索，开展三维建模深化设计、三维仿真，指导安装调试，对设备进行参数优化、对系统进行模块拆解，通过工厂预制与现场拼装实现设计、安装、调试、运营的统一性和一致性。

装配式冷水机房施工现场

装配式冷水机房模型

3. 监测数据GIS平台部署

二十二号线区间下穿三号线区间工程，成功应用广州地铁设计研究院股份有限公司（以下简称“广州地铁设计院”）自主研发的智能勘测平台——盾构在线监控子系统，这是该系统首次亮相在高风险的盾构下穿项目中。本次穿越为将来盾构隧道在不良地层中穿越既有运营轨道交通项目提供了指导和借鉴，同时为本标段二十二号线番祈区间（番禺广场—祈福）后期剩余隧道工程施工打开了关键通道，为线路按时开通提供了保障。

BIM+GIS监测管理平台将直观图形信息与实时参数信息相结合，实现施工过程实时监测。

建设工程动态监测

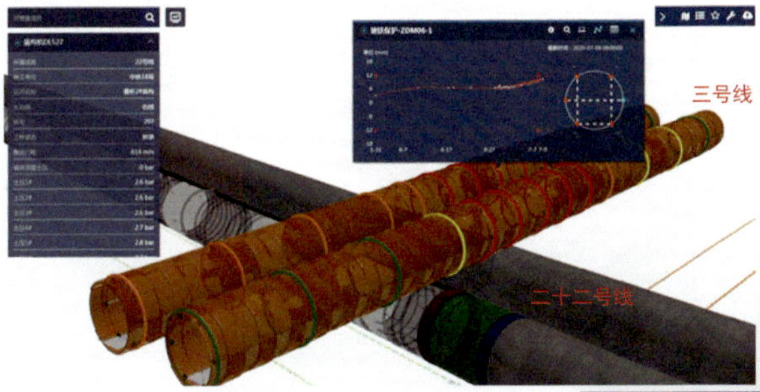

二十二号线下穿三号线三维模型

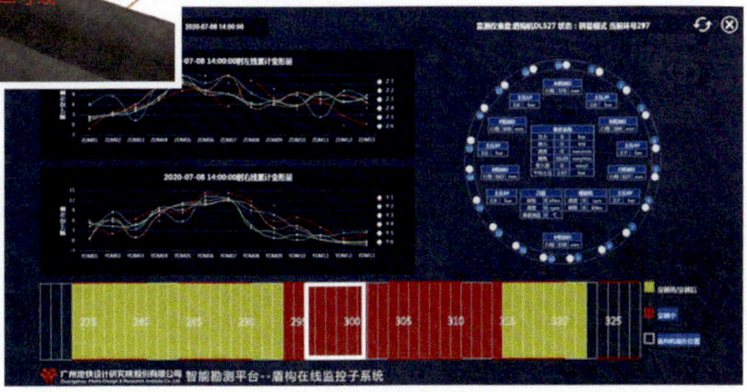

盾构在线监控子系统

（五）运维阶段应用

BIM模型数据积极对接大数据平台，助力穗腾OS2.0在横沥站、市广路站的示范应用。大数据平台可汇聚广州地铁所辖范围内的所有生产型数据和管理型数据，实现海量数据的开放共享，真正打破系统之间的壁垒，加强数据的有效流通，降低数据使用成本，减少系统重复建设，为数据的互通带来更多的业务增值。通过大数据平台，建设轨交大数据资产，制定轨交大数据服务标准，员工、供应商、开发商都可以通过平台自助服务使用大数据，利用大数据快速创建或挖掘新的智慧业务，实现大数据的价值增值，如设备预测性维修、客流预测和行车优化等。

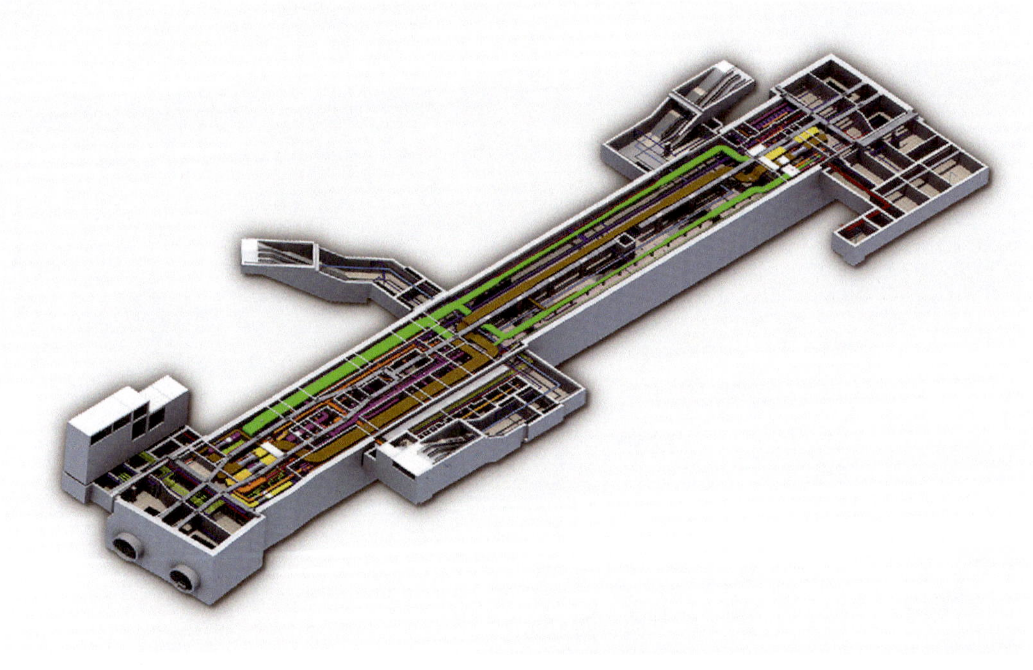

车站三维可视化模型

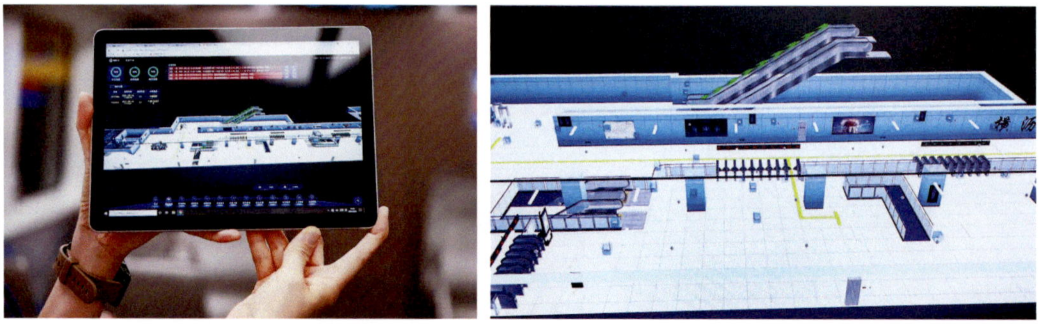

大数据平台应用

（六）城市信息模型（CIM）基础平台示范应用

自2020年10月1日起，广州BIM报建系统开始试运行。试运行期间开展BIM设计的建筑工程项目，建设单位申报工程规划许可技术审查时，需同步提交BIM模型进行BIM报建试点。

十八号线磨碟沙站实现了BIM报建试点应用，并将模型上传至广州CIM基础平台，实现琶洲西区CIM示范区域整合应用。

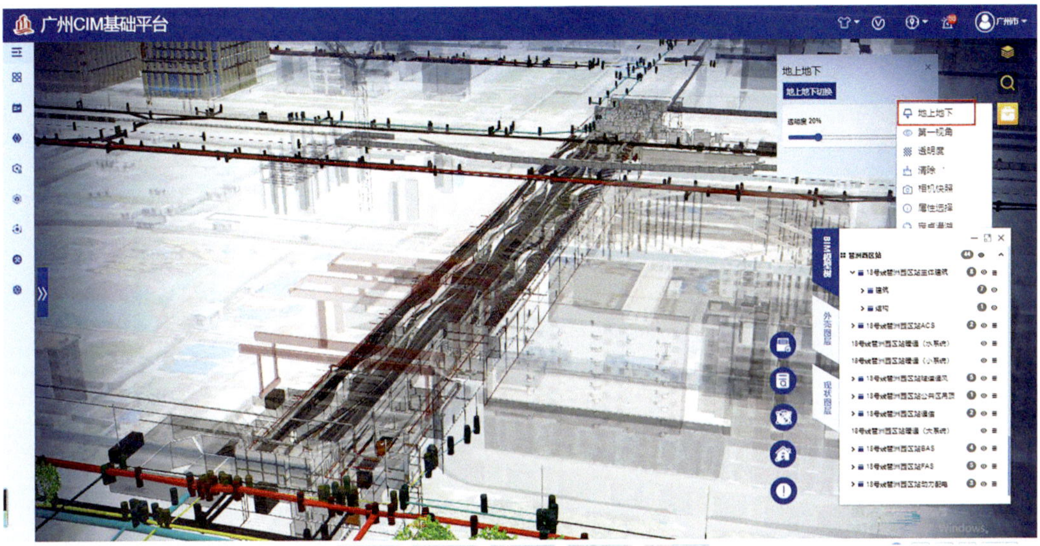

CIM平台示范应用

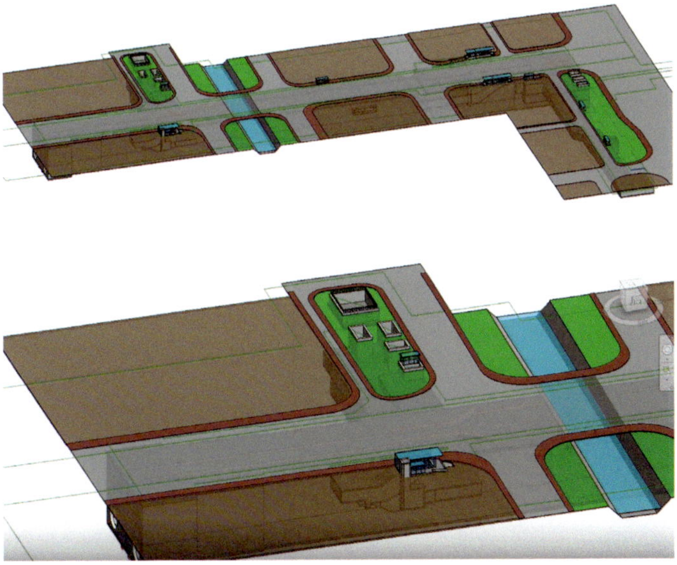

三维模型报建

羊城新快线　提速大湾区

广州市轨道交通十八号线和二十二号线规划与设计

SIXTH 六

精细设计管理

（一）线网总体及设计总承包管理模式

1. 线网总体管理模式

本项目成立广州设计总体部，建立线网总体总包架构，实现“线路总体”到“线网总体”的转变，集中优秀人力资源参与设计总体总包工作，充分利用线网整体规划设计优势，统一技术标准和接口管理，提高了设计管理的效率和质量。

2. 设计总承包管理模式

广州地铁设计院承担全阶段总体总包管理，同时承担全线勘察和设计工作。

（1）全过程和全专业的勘察设计，保障设计方案的衔接和快速推动。

（2）调派全院优质人力资源，全力打造高标准、高质量城市轨道交通示范线。

（3）全阶段组织设计攻坚集中办公，强化设计管理，保障目标工期实现。

（4）开展多项专题研究和科研，创建设计创新示范线。

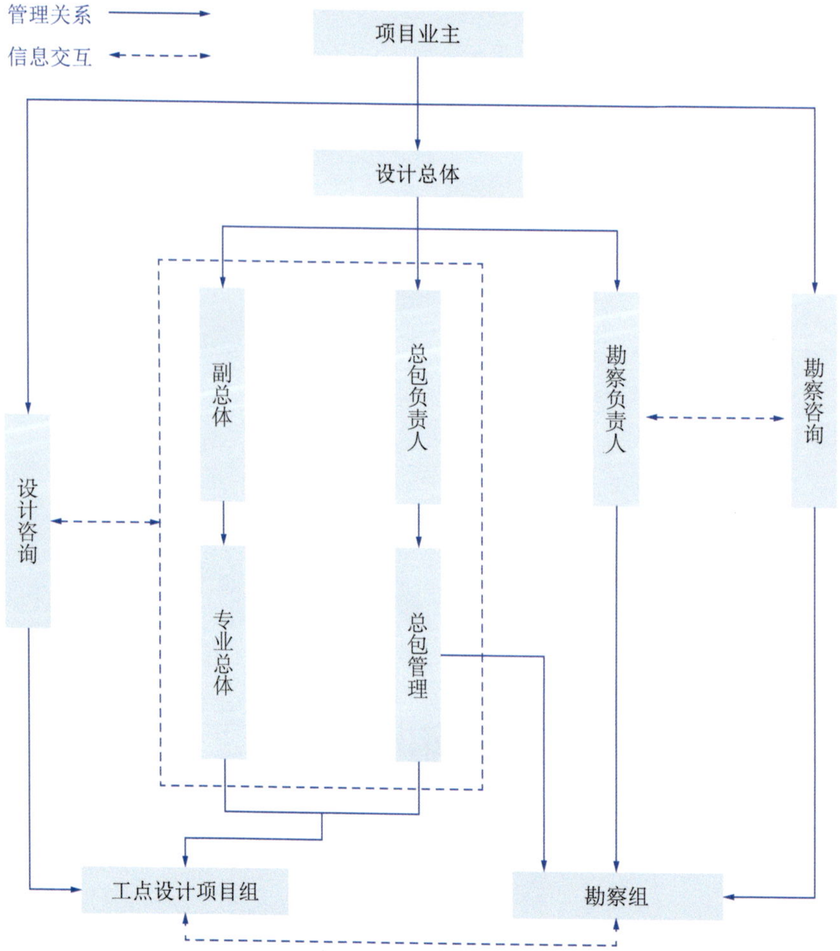

设计管理关系图

（二）全过程和全专业的勘察设计，保障设计方案的衔接和快速推动

设计院从项目前期决策阶段即负责编制两线工程可行性研究报告，承担了从初步设计至施工图设计的勘察设计总体总包职责，最大限度地衔接好各阶段的设计相关工作，确保规划、设计意图在设计方案上得到延续和落实，在保障整体设计质量的同时，有效缩短设计工期。

由于两线项目的工程风险多、技术难度大、工期紧，各项目组均承担着巨大的工作压力，设计院为了更好地推动项目，采取了在政策上、资源上予以倾斜和扶持的策略：以院领导专题协调会的形式检查项目进度和解决工作中遇到的问题；通过技术评审绿色通道加快重大技术决策和研究；通过科研项目支持使项目团队获得科研经费和资源；通过开展劳动竞赛实实在在激励项目团队攻坚克难；通过院领导的现场调研和开通前密集下现场，指导项目组快速解决现场问题、提升整体效果，多措并举的方式极大地鼓舞了项目团队。

（三）采取矩阵式管理，设计攻坚保障目标工期的实现

为了保障目标工期，设计院采取矩阵式管理方式，勘察设计总体总包组以及工点项目组人员全部来自各生产部门，在项目院级管理层面，由分管院领导对项目进行指导和生产协调，由项目管理部对纳入院控计划的工作进行跟踪和产值分配，由技术质量研发中心对项目重大技术方案进行院级决策和质量抽查。在项目执行层面，由项目主管部门设计总体部管理和保障项目正常运作，由各生产所和项目经理负责具体工点项目的专业设计执行。

实际投入两线的项目一线人数近200人，具有硕士以上学历的占比53%，具有中高级以上职称的占比79%，具有5年以上工作经验的占比56%。从学历结构分析，人员教育素质普遍较高，具有较强的专业素养、协调和学习能力，满足项目运作的人员基本素质要求。从职称结构分析，具有高级职称人员占比37%、中级职称人员占比42%、初级职称人员占比21%，人员以中高级职称为主，具有较强的技术能力。从工作经验分析，具有10年以上工作经验的人员占比26%、5年以上工作经验的人员占比30%，各年龄段人员比较均衡，形成老带新的人员结构，有利于充分发挥人员的项目经验、技术执行和整合能力、年青人员的工作冲劲。此外，由院内专家担纲，集中院内经验丰富的正高级工程师、高级工程师作为审定、审核人员，从整体上对项目的技术方案进行指导

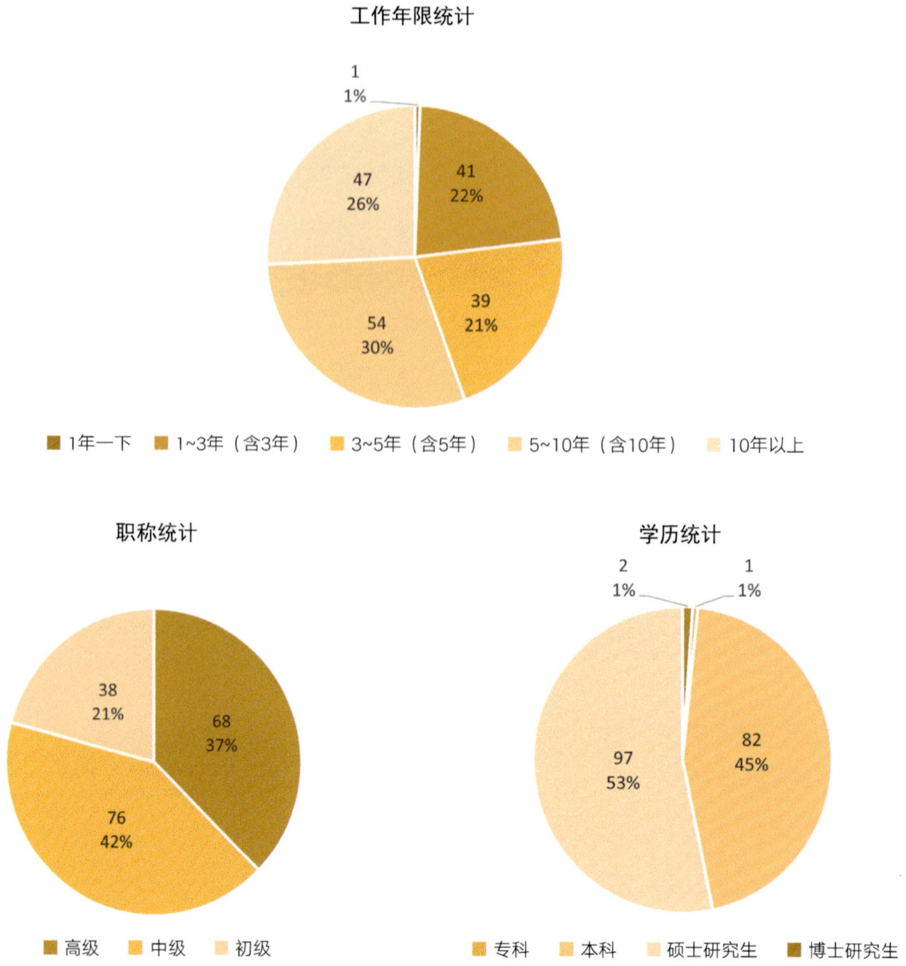

人员统计

和评审、质量把关，有效形成了项目组内技术研究和实现、院内各级技术决策专家团队与院外知名专家专项评审的多层次技术资源综合利用。

（四）开展多项专题研究和科研，创建设计创新示范线

十八号线和二十二号线在设计全过程中贯穿落实：高品质绿色地铁设计，打造绿色地铁、低碳地铁、品质地铁、人文地铁；高水平智慧地铁设计，打造智慧地铁、高效智慧运维系统、智慧监测系统；全生命周期数字地铁设计，在设计全过程全专业推动BIM数字化应用。

为做好两线的技术攻关、指导设计，建设新时代的轨道交通工程，施工图设计阶段开展了多项专题研究工作，如市域快线弓网匹配、长大区间防灾救援、高富水液化砂层

盾构施工重大风险防控、CBTC车地通行、市域快线与城市空间融合等，形成一系列研究成果、专著、专利，指导施工图设计，提高设计质量，创立设计精品。

当前，两线已获省级科技进步奖一等奖3项、协会级科技进步奖多项、各级设计咨询类奖项20余项、中国专利银奖1项、省级五一劳动奖状1项，申请发明专利27项、实用新型专利126项、软件著作权20余项，研制新工法22项，发布技术标准7项，发表代表性论文100余篇。

（五）提升管理效能和设计品质

1. 执行三级策划，加强计划管理

本项目按照“项目策划—子项策划—专业策划”进行三级策划，所有图册任务策划到人，并将与业主、总承包单位协调制定的设计计划策划上传系统，利用项目管理系统实时跟踪各项任务的进展，有效增强了计划管理的时效性和功能性。

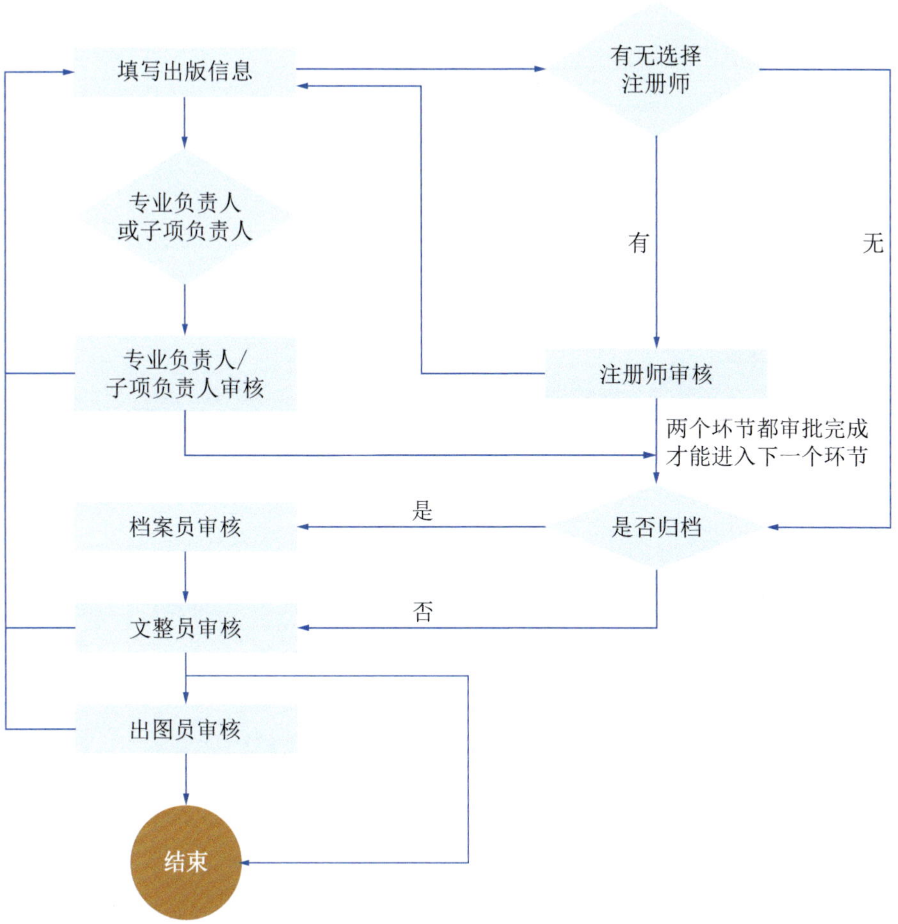

成品出版流程图

2. 优化设计流程，加强质量管理

基于项目管理系统，设计总承包单位执行“初始输入—项目总结”9大设计流程，流程依次衔接，通过OA系统提醒各环节人员线上快速处理，有效提升了设计工作的质量和效率。

3. 一键成品出版及归档，为设计人员减负

成品出图后经由专业设计人员在系统上发起，项目组审批后，即可到达归档/文整/出图员，快速完成成品出版或归档。

4. 动态策划变更，优化组织设计

在项目过程中，根据实际情况变化，项目负责人动态发起策划变更，对子项的开项数量、子项名称、子项负责人、分包外委情况等进行变更，以此保证了策划的时效性，优化了组织设计。

5. 制定图册计划标准，加强计划管理及预控

鉴于本项目工期十分紧张，设计总承包单位积极转变思维，加强主动管控力度，梳理和测算了设计出图涉及的内控程序、各环节时限要求、前置条件、工作成果，编制“施工图出图管理实施细则”，规范设计和审查各方的工作要求，做到重点图册提前干预、逐个环节跟踪督办，相比常规方式，每册图纸的生产平均节省15~20d。

6. 建立“多方联审”机制

对于急需的图册，采取“多方联审”机制，召集勘察、设计、总体、咨询、工区、总承包、监理等单位，集中会议评审，快速推动方案或变更的预评审，为后续审批大大节省时间，加快推动设计方案稳定和出图。

7. 设计“回头看”

为进一步提高设计质量，避免专业接口遗漏或不匹配，对于土建主体施工图及相关重点图册，开展设计“回头看”工作，组织各专业专题会议确认接口，集中评审、集中落实，把好出图前的最后一道质量关。

通过设计“回头看”，集中各专业人员在出图前对专业接口进行最后一次梳理和协调确认，进一步降低接口遗漏和冲突，提高设计质量，把好设计最后一道关，对于紧急、复杂的项目特别有效和有必要。

（六）建立概算回归机制，实现投资动态管控

在保障安全与功能的条件下，全面梳理新线设计方案，找出优化关键点，建立完善的概算回归机制，反映概算执行情况，建立施工图预算与变更台账，动态对比分析各阶

段数据，建立定期报告制度，落实对投资的动态管控。

遵循投资控制程序，以高度的责任感和健全的管理制度进行勘察、设计全过程的投资控制，从设计源头将各阶段投资纳入可控范围，并满足政府、业主对各阶段投资控制的要求。

投资估算符合项目规划，设计概算在投资估算控制范围内，设计预算合理可控。

广州地铁十八号线、二十二号线在设计阶段采取设计总承包模式，确保规划、设计意图在设计方案上得到延续和落实，在保障整体设计质量的同时，有效缩短设计工期；结合项目EPC模式，采取设计方案评审、总承包例会、设计交底、现场施工配合、关键时期设计驻场等方式，设计与施工开展更加紧密的工作配合和相互衔接；项目采取矩阵式管理，契合技术难度大、时间紧迫的特点，管理机制有效运转，保障设计工作高效推进，同时也精准达成投资管控目标。

提升城市品质
设计美好未来
羊城新快线 提速大湾区
广州市轨道交通十八号线和二十二号线规划与设计